與孩子的對話練習

黃依潔，姜曉秋 編著

誇獎教育×標籤效應×練習傾聽

在對話中更加親近你的孩子

教育孩子，其實就像是長時間的拔河賽

握住繩子的兩端，彼此施力平衡，才不會摔倒；
親子之間，唯有互相溝通、合作，才能達成真正的雙贏！

父母：
我的教誨你不聽，
小心吃虧在眼前！

孩子：
我的心聲你不聽，
那就別怪我叛逆！

目錄

第二章　帶著愛的口吻與孩子對話

第三章　孩子「聽話」都是誇出來的

目錄

目錄

第九章　與孩子說話時注意聲情並茂

前言

一位教育專家曾說過：「家長教育孩子的最基本的形式，就是與孩子的談話。世界上最好的教育，都是孩子在和家長的談話中不知不覺獲得的。」然而，很多家長都有過類似的經歷：苦口婆心地教育孩子，孩子卻不以為然，有時，他們還視家長的諄諄教導為嘮叨，甚至拒絕和家長溝通，以致家長們怨聲載道：「為什麼孩子愈大愈不聽話了？」

誠然，隨著年齡的增長，孩子愈來愈有主見，導致與家長之間的代溝愈來愈大。孩子「不聽話」也就在所難免。可是，家長有沒有反思過，孩子不聽話，其實並不能全怪孩子，自己也有不可推卸的責任——你對孩子的態度溫和嗎？你對孩子說話的方式真的沒有問題嗎？

其實，說話是一門很深奧的學問，有的人說出來的話會讓對方備受鼓舞，而有的人說出來的話卻會讓對方心裡感到不滿。與孩子說話也需要講究語言的藝術。然而，有些家長並不這樣認為，在他們眼裡，孩子永遠沒有長大，所以對他們說話不必顧忌太多。於是乎，什麼話想到就說，也不管效果如何……

首先是在態度上，許多家長都沒有意識到，說話態度在家庭教育中的重要作用，他們對孩子說話常常漫不經心、脫口而出……殊不知，有時一句隨意的話，不僅起不到預期的效果，而且還可能會深深地傷害孩子的心靈。

其次是在方法上，家長和孩子談話，光憑關愛是遠遠不夠的，還需要掌握說話的方法和技巧。然而，不注意說話的方式，不講究談話的技巧，是造成許多孩子不願意聽家長的話甚至感到厭煩的主要原因。

「孩子的心靈是稚嫩的，很容易接受家長所說的話語；孩子的心靈也是脆弱的，往往因為家長的一句訓斥而蒙上陰影。」著名作家冰心舉例，在家庭教育中，不少家長常常不自覺地將孩子對自己的依賴視為籌碼，逼迫孩子按照自己的要求去做。當孩子的表現與家長的期望相悖時，情急之下的家長習慣用類似「再不聽話就不要你了」這樣的語言來恐嚇孩子，期待孩子會因為害怕失去「大樹」的庇護而變得聽話、懂事。事實卻相反，威脅不但會使家長喪失威信，更會使孩子產生叛逆心理。

如果家長想讓孩子的人生更加光明、美好，就必須謹慎選用字眼，務必讓說出的話能使孩子振奮、進取和樂觀。這就要求家長盡量深入了解孩子，盡量設身處地地為孩子著想。只有這樣，家長對孩子說的話才能有良好的效果，才會成為促進孩子健康成才的「金玉良言」。

編者

第一章　孩子不聽話到底是誰的錯

經常有父母嘮叨：「你這孩子怎麼這麼倔強，一點都不聽話！」許多父母因為孩子調皮、不聽話而大傷腦筋，有的甚至對孩子大發雷霆，結果卻發現孩子愈來愈不聽話。多數父母都喜歡聽話的孩子，他們千方百計地想把調皮的孩子「挽救」成聽話的孩子。可是，沒有找對病根就胡亂醫治，往往事與願違，招來的只是孩子的反感與反抗。

孩子不聽話到底是誰的錯呢？父母在「改造」孩子前，一定要找出其中的原因。其實，眾多的生活事例表明，孩子不聽話，與父母的教育方式有著密切的關聯，特別是父母在與孩子對話時，如果總是一副高高在上的樣子，溝通時火藥味太濃，就會令孩子渾身不舒服，當然會事倍功半。因此，父母要想如願，就一定要注意與孩子對話時的態度以及說話方式。

孩子不聽話與父母說話方式有關

每個人從牙牙學語到壽終正寢，幾十年的光陰中，不知道要說多少話。朱自清在〈說話〉一文中說：「人生不外言動，除了動就只有言，所謂人情世故，一半兒是在說話裡。古文《尚書》裡說，『唯口，出好興戎』，一句話的影響有時是你料不到的，歷史和小說上有的是例子。」不可否認，人人都會說話，然而能把話說好卻並非易事。面對同樣的情況，不同的話就會產生不同的效果。能言善辯者即使是嚴厲地批評，也可能令人欣然接受；笨嘴拙舌者即使是由衷地稱讚，也可能讓人極為反感。這就是說話的藝術，一個真正會說話的人，可以把話說到別人心坎上，無論是批評還是讚美，無論是拒絕還是請求。在家庭教育中，父母與孩子的溝通是不可或缺的。然而，隨著孩子一天天長大，似乎父母的每句話都令孩子感到厭煩。很多父母為此很是困惑：孩子到底為什麼這麼不聽話？

孩子不聽話到底是誰的錯？關鍵還是在家長，不是孩子不聽，而是家長還沒有掌握與孩子有效溝通的語言。做一個稱職家長的第一課就是——學會對孩子說話。

學會對孩子說話，才能減少與孩子交流溝通時的障礙，才能真正理解孩子的內心世界，才能在很多問題上與孩子達成共識，否則，家長與孩子之間必將產生深深的代溝。

學會對孩子說話，是實現與孩子無障礙溝通的第一步。孩子不聽家長的話，往往是因為家長表達良好願望的方式引起了孩子的反感，家長們自以為是的教誨，卻把孩子逼入絕境或使孩子養成惡習。

講個故事。一位樵夫救了一隻受傷的小熊。不久，樵夫迷路正好借宿在熊的巢穴，小熊用極其豐盛的晚餐款待了他。第二天早晨，樵夫對小熊說：「謝謝你熱情的招待，但我唯一不喜歡的是你身上的臭味。」小熊聽了之後，沉默了一會兒，然後答道：「那麼為了補償你，你用一個東西割我一下吧！」樵夫按照要求做了。

很多年後，樵夫再次遇到小熊，問起小熊身上的傷口好了沒有。小熊說：「傷口癒合後，我就忘了。不過你那次說的話，我一輩子也忘不了。」

這個寓言告訴我們，語言也可以是一種鋒利的武器。可敬的父母們都知道，日常的交談往往是教育孩子的良機。然而父母是否注意到，面對孩子脆弱的心靈，不恰當的一句話所留下的傷害，是經過多少時間都無法磨滅的。

再講一個故事。古代有一位國王，有一天晚上做了一個夢，夢見自己滿嘴牙齒都掉了。於是，他就找了兩位解夢的人。

國王問他們：「為什麼我會夢見自己的牙全掉了呢？」

第一個解夢的人就說：「陛下，夢的意思是，在你所有的親屬都死去以後，你才能死，一個都不剩。」國王聽罷大怒，下令杖責這位解夢人。

第二個解夢人說：「陛下，夢的意思是，您將是您所有親屬當中最長壽的一位呀！」國王聽了很高興，便拿出了一百枚金幣，賞給了第二位解夢的人。

同樣的事情，同樣的內容，為什麼一個會挨打，另一個卻受到嘉獎呢？因為挨打的人不會說話，受獎的人會說話。對孩子表達同樣的意思，你選擇什麼樣的表達方式和什麼樣的詞語都將對孩子有很大影響。在與孩子交流的過程中，無論你是提出要求、解出答案或者與他談條件、達成共識，你所使用的語句可能讓孩子更加樂於合作、更加自信，但也可能令他感到挫敗，失去信心。

「說話是很有學問的一件事，有的人說出來的話是讓人信任的話，會讓對方備受鼓舞，而有的人說出來的話卻讓對方的心裡難受。」

與孩子說話特別需要語言的藝術。但有些父母卻不這樣認為，他們以為孩子小，對他們說話不必顧忌太多，想說什麼就說什麼，也不管效果如何，至少自己表達意見了。長此以往，會讓孩子形成叛逆心理，不管父母說的話是對是錯，他們一概排斥。

在與孩子對話時，父母還應注意，對孩子多說富有感情的評價性語言。父母的評價在孩子的生活中往往會成為其判斷對錯的原始依據。雖然孩子在成長過程中還會被外在的環境所影響，但這種影響決不會觸及孩子兒時的價值觀。所以，從某種程度上說，父母說話的態度、內容和素質，將成為孩子一生的自我意識和思維模式——是樂觀、自信、富有理想和氣概，還是消極、自卑、得過且過、自暴自棄。

總之，知道怎樣對孩子說話的父母，才是稱職的父母。

代溝有待家長與孩子共同解決

親子之間，代溝總是不可避免的。

什麼是代溝？代溝是指兩代人因價值觀念、思想方式、行為方式、道德標準等方面的不同而帶來的思想觀念、行為習慣的差異。當前，一邊是家長們長吁，現在的孩子太難管，不聽話；一邊是孩子的短嘆：「為什麼爸爸媽媽無法理解我，他們不也是從我這個年紀長大的嗎？」簡而言之，這種相互的不理解就叫代溝。

代溝有待家長與孩子共同解決

本來，過去十幾二十幾歲的年齡差才會出現代溝現象，可現如今，代溝不僅存在於上一代與下一代之間，而且在年齡相隔十年、八年的人們之間，甚至在大學的高年級與低年級學生之間，都會有令人驚嘆的明顯差異，甚至有「三年一代溝」的說法。

某種意義上說，代溝是時代進步的象徵，但也是困擾交流與溝通的難點，且容易增加形成偏見和歧視的可能性，代溝兩側的人輕則互不理解，重則互相抱有敵意，所以要透過種種途徑，做各種努力來跨越代溝、填平代溝。代溝是一種心理現象，良好的溝通方式可以讓代溝造成的曾經斷裂的關係接續起來，從而達到順暢的交流和和諧的相處。

某次對五百名國中生進行問卷調查，反應與父母有「代溝」的占百分之九十，可見「代溝」在現代家庭中的比例之大。至於「代溝」在家庭中的表現，則主要集中在「穿衣打扮」、「父母嘮叨」、「興趣愛好」、「零用錢消費」、「課外讀物」、「交友」、「隱私」等方面的分歧。

要解決好代溝的問題，首先要明白為什麼會產生代溝。

有人認為產生代溝的責任在於父母。父母用過時的思想來引導孩子，會使處於叛逆期的孩子感到反感。父母以長者自居，認為無論如何自己都是有道理的。因此，他們沒能很好地與孩子溝通，就與孩子之間產生了代溝。孩子都希望自己能有一對理解自己的父母，希望能向他們訴說自己的煩惱。可每當這時候，父母不是覺得自己的孩子是受到了什麼不良影響，就是覺得這樣的煩惱完全是微不足道的。一次又一次這樣敷衍了事的回應自然會使孩子無法與父母溝通，加深了孩子與父母之間的代溝。

有人認為產生代溝的責任在於孩子。如今的社會十分複雜，網路、電視、電影和小說等，對人類的影響廣泛，出於對孩子的保護，父母會用自己的想法來指引孩子成長。而孩子卻對此嗤之以鼻，認為父母的觀點很不入流，不適應現在的生活環境，孩子也就不願意向父母敞開自己的心扉，不願意主動跟他們交流，只希望父母能單方面理解自己，自己卻從未想過去理解他們。當父母盡他們最大的努力來跟上孩子的思維時，孩子卻選擇離他們而去。

在網路上，不同的網友對「代溝」有不同的理解，從大家的發言，能看到很多孩子的觀點：

代溝是當你在聊天室裡和網友聊得正開心時，父母過來，看看因過於興奮而滿臉通紅的你，然後擔憂地搖了搖頭，嘀咕一句：「什麼東西？」

代溝是當你吵著要去看演唱會或是去參加簽售會時，父母就是板著臉不答應。

代溝是當你對父母講起你班上的異性好友時，他們一臉緊張，嚴肅地問你和對方是什麼關係。

等你解釋清楚以後，他們又會告誡一句：「不管有什麼事都不能瞞著大人。」

代溝是當你把抽屜上了鎖後，父母有意無意地問你：「有什麼祕密啊，還要鎖抽屜？」

代溝是當你說要和同學一起出去玩時，父母一定要你把同學的名字報上，並要知道對方的性別、性格、特點等。

其實，我們不應把代溝的責任簡單地歸咎於父母或孩子。俗話說：「一個巴掌拍不響。」代溝往往是因為父母與孩子之間缺乏溝通而產生的。作為父母，作為孩子，到底應該如何去化解彼此之間的代溝，從而推倒這堵無形的牆呢？答案只有一個，那就是溝通、溝通、再溝通。

當代溝產生後，做父母的就該主動去試著解決，否則必會影響雙方感情。當家長的應該放下架子，以平等的姿態與孩子相處。如果父母把自己置於絕對權威的地位，孩子就會永遠處於被管束的地位。在這種情況下，當家長的往往會不自覺地借著自己的權威，將自己的一套觀念或要求，強加於子女身上。而孩子是敏感的，他們很容易感到壓力的存在，並產生抗拒心理，這只能使代溝愈來愈深。所以，不要讓孩子覺得家長高高在上，讓孩子把家長當成最關心他們的長輩、最親密的朋友，這樣，雙方的代溝就會少一些甚至消失了。

理解孩子的叛逆心理

叛逆心理是孩子知識經驗增長、個性和獨立性發展的必然表現，每個孩子都會在不同程度以不同方式表現出叛逆心理。研究發現，百分之五到百分之十五的學童都有過叛逆行為的徵兆。有叛逆情緒的孩子普遍表現為頻繁地大發脾氣、與父母過度爭吵、明顯抗拒大人的要求和原則、自己犯錯或行為不當，卻責怪他人等等行為。而調皮孩子的叛逆心理較之一般孩子表現得更為突出，這其中既有調皮孩子的個性原因，也有一些累積的教育原因。倘若順應他們的心理特點，保持冷靜、民主的態度，則「頑童」再「頑」也可轉化。

第一，設定自由與紀律的合理界限，減少和避免不必要的衝突。調皮孩子的性格中天生就包含著冒險、好奇心重、喜好幻想等元素，探索性模仿是其主要的行為特徵。隨著年齡的增長、興趣愛好的逐漸擴展和模仿能力的增強，他們的探求嘗試活動會愈來愈多。但是，由於認知能力、自我制約力不強，事事、時時容易「闖禍」，衍生出大量的「搗蛋行為」、「惡作劇」。因此，過分的管束或者說過嚴的制度框架其實利少弊多。事實上，把調皮孩子管得太死反而會阻止他們從生活中汲取教訓。義大利心理學家瑪麗亞・蒙特梭利（Maria Montessori）說過：「外部強迫的紀律，不僅扼殺了孩子活潑好動的天性，抑制了孩子的生命潛力，窒息了孩子的好奇心和求知欲，而且只能

培養出反應遲鈍、智力低下、奴性十足的人。」同時，正如英國哲學家伯特蘭・羅素（Bertrand Arthur William Russell）所說的：「孩子一旦受到某種壓制，就會報之以仇恨。而且一般說來，如果他不能將自己的仇恨盡情地釋放出來，那麼這種怒氣便鬱積在內心深處，也許會沉入無意識之中，和那些各式各樣的奇怪東西混在一起，伴其終生。」所以，針對調皮的孩子所制訂的教養原則，不是說要取消紀律約束，而是由原來的嚴、細、多，有層次地轉化為鬆、簡、少，透過改變管理強度，使他們好玩、好動的天性有一定的釋放空間，更有利於調動其性格中的積極因素。

第二，傾聽孩子的心聲，走進孩子的精神世界。調皮孩子通常是活躍的、不穩定的，衝突、破壞事件裡總有他們的身影。而實際上，孩子的淘氣有不少是出於好奇而非出於惡意，或者是一種表現欲的不恰當的宣洩，其中也不乏「好心辦壞事」的現象。家長可以在日常生活中，有意識地多創造一些讓孩子動手、動腦展示自己的機會，讓他們獲得榮譽感和成就感，還可以杜絕他們用「譁眾取寵」的方式來滿足積極向上的欲望。任何一個孩子的心靈深處都存在一種被肯定、被賞識、被尊重的強烈願望，這種願望一旦得到滿足，那些平時難以察覺的潛能就會被奇蹟般地激發出來，甚至取得令人難以想像的成功。相反，如果這種願望屢屢受挫，或是一直受到壓抑，他們身上的各種潛能就極有可能化為烏有，甚至引發種種悲劇。適時的賞識可能會改變他們的行為方式，甚至影響他們的一生。這也就是說，家長要給予孩子表達、表現的機會，一味地責打、說教於事無補，卻容易觸發孩子的抵制情緒。家長要探究事件背後的真正原因，避免製造一些「不白之冤」。只有分析孩子的欲望，傾聽孩子的心聲，深入了解孩子，才能走進孩子的精神世界。同時，讓孩子學會合理地表達自己，繼而領會、掌握與外界溝通的技巧，這對於孩子成長為一個適應社會的人有著重要意義。當然，責備作為一種教育手段也不應忽視，用適當的責備來控制孩子的不良言行和欲望也是必要的。

叛逆心理雖有妨礙孩子身心發展的一面，但也有很多正面效益。可見，也並非一無是處。叛逆心理包含許多積極的心理素質，包含自我意識強、勇敢、好勝心強、有衝勁、勇於求異、能創新等。在某種程度上，它能防止一些不良品性的形成。叛逆心理強的孩子在不順心、煩悶、不滿的時候，勇於表達，能使不愉快的心情和不利於身心健康的負面情緒得到釋放。他們不會有畏縮、壓抑的心理，也不會懦弱、保守、逆來順受，這樣能起到維持身心健康的作用。因此，對於叛逆心理不應是杜絕或是抹殺，父母應善於發現叛逆心理中的積極因素，並善加利用。

理解孩子的叛逆心理

調皮孩子一方面讓家長勞心勞力，另一方面他們本身也承受著巨大的心理壓力。「這孩子太調皮了」之類的話是家長對調皮的孩子最常見的評價，這樣的話不僅容易讓孩子失去自尊，而且容易使其自我意識受損。與之相反的是，有的家長常常喜歡把自己淘氣孩子的「趣聞軼事」向他人如數家珍般一一道來，有的家長甚至向孩子宣揚「淘氣即聰明」，這些行為帶來的副作用也是明顯的——孩子會認為大人對他們的調皮搗蛋是全盤肯定乃至大加讚賞的，由此更加放任自己。其實，調皮是人類天性的一種，只是在調皮孩子的身上發揮得淋漓盡致而已。家長對此應該持平靜、平和、平常的心態。只有在被寬容、被接納的基礎上，調皮孩子才能寬容地對待他人、接納自我。教育的目的首先是「成人」，然後才是「成才」。家長過高的期望與過低的評價，都有可能對孩子的成長產生負面影響。

任意貼上標籤會傷害孩子

「你總是馬馬虎虎。」

「你真是太懶了。」

「你這個笨蛋。」

常常聽到父母如此訓斥孩子，為孩子貼上標籤，當然，家長有時並非捕風捉影，可這樣做孩子的這些毛病就能改掉嗎？特別是當前隨著社會愈來愈多針對拒學、逃課、青春期戀愛、打架及青春期叛逆心理等引發的一系列行為異常的孩子進行「矯正偏差」學校的出現，很多孩子都被貼上了標籤，讓他們背負了一張沉重的「名片」。對此，心理專家明確提出，孩子成長的問題不可小覷，但千萬別亂貼標籤，任意對孩子貼上標籤，會導致孩子產生各種心理問題。父母的負面評價不僅會令孩子不快，而且會在他的潛意識裡留下很深的傷痕。

一個人的成長，尤其是在兒童時期，不但受制於先天的遺傳因素，更脫離不了後天環境的複雜影響。在種種影響因素中，社會評價和心理暗示的作用非常之大。孩子被別人下了某種結論，就像商品被貼上了某種標籤。當被貼上標籤時，就容易使孩子的行為與所貼的標籤內容趨於一致。這種現象是由於貼上標籤後而引起的，故有人稱之為「標籤效應」。

標籤之所以會產生效應，是因為在孩子的心目中，父母就是自己的模仿對象，父母的一言一行深深影響著孩子對生活的態度，而孩子往往缺少主見，總是無條件、無意識地承認和接受父母對自己的評價，無法對這些評價做出客觀的評判。比如，當孩子被父母告知「你是個害羞的孩子」時，孩子會以為自己真的不善於與人打交道，並在社交中產生退避的行為；當父母說「你怎麼這麼笨」

時，孩子會感到非常緊張，往往表現得更笨。

既然消極標籤會引導孩子走向消極面，那麼，積極「標籤」是不是就可以把孩子引向積極面呢？答案自然是肯定的。有些父母可能不知道，成功的孩子時常都得到了大人的「助力」——這正是孩子起步時所需要的。父母的建議、鼓勵、信任，都是孩子不怕失敗、勇於進取、邁向成功的「助攻」。

任意貼上標籤會傷害孩子

一份調查顯示。百分之九十在素養、意識和智力方面有出色表現的人，幾乎在自己的童年或少年時期都受過來自親人的積極暗示，最多的是來自父母。積極的暗示是表達愛的情感，而不是誇張、誇耀或對缺點的掩飾。用積極、正面的語言肯定孩子，誇大孩子的優點，縮小缺點，營造「我可以」的心理氛圍，孩子的好習慣和情緒就會接踵而至，這也是所謂的「暗示教育」。專家認為，積極的暗示，特別是來自親人、朋友或老師的暗示，肯定會對孩子的心理、心智方面產生良好的作用。所以，無論是家庭教育，還是社會教育，都應給予孩子寬闊的發展空間，並培養孩子的自我調節能力。比如，一旦孩子網路成癮，不要把他當成一個醫學上的治療對象。現在有很多所謂的專家，治療網路成癮症只會對孩子貼標籤，什麼躁鬱症、自閉症、憂鬱症、社交恐懼症等。這其實並不恰當，不斷指責孩子「不上進」、「貪玩」、「上網成癮」等，只會為孩子心理造成很大的負面影響，此時家長應嘗試用不同的方式與孩子交談，逐步引導孩子回歸正常的生活。事實正如此，孩子打架，並非就是有「暴力傾向」，孩子不合群、不善言談，並非就是「心理有問題」；孩子寫情書、青春期戀愛，並非就是「道德敗壞」……

在第二次世界大戰期間，美國曾派出一批正在監獄服刑的犯人上前線作戰。出發前，美國政府派了幾個心理學專家對犯人進行戰前訓練和動員，並隨他們一起到前線作戰。

訓練期間，心理學專家們並未對犯人進行過多的說教，而是讓他們每週對自己最親的人寫一封信。信的內容由專家統一擬定，敘述的是犯人在獄中如何接受教育，改過自新等，每一封信都告訴親人，自己的表現非常非常好。專家們要求犯人認真抄寫後寄給自己最親的人。

三個月後，犯人赴任前線，專家又要求犯人在給親人的信中寫自己是如何服從指揮，如何英勇作戰等。自然，親人們的回信都充滿了驚喜和讚賞。

結果，這批犯人在戰場上的表現比起正規軍來毫不遜色，他們在戰鬥中正如他們信中所說的那樣服從指揮，英勇戰鬥。

可見，來自他人或自我的心理暗示，都會對人生產生巨大的影響。積極的心理暗示能喚起自信，自信能激發熱情，從而使一個人奮發向上，取得意想不到的進步。相反，消極的心理暗示則使人喪失自信，失去進取心，最終放棄努力，一事無成。

激發孩子改善自己行為的最終目的是鼓勵他認定自己可以成為一個好孩子，在這一基礎上，父母才能要求孩子摒棄不良行為，力求上進。如果父母急於對孩子下結論、貼標籤，使孩子相信自己不可救藥，又怎樣能夠激發孩子的上進心，改善他的行為呢？父母在與孩子交談時，一定要注意到自己的話可能對孩子產生的效果，看看是否有負面效果。

總之，父母千萬不要任意對孩子貼標籤。

別把對孩子的付出掛在嘴邊

「孩子，你知道嗎？為了你，我忍受了多少的痛苦，懷胎十月多不容易，而你的每一步成長，更飽含了我對你的多少愛啊！」這種「喜翻舊帳」地把對孩子的付出掛嘴邊的父母是不是容易招來孩子的反感？而對於孩子來說，父母為自己所做的一切，自己作為行為的直接承受者，自然深知其中的艱辛，如果父母總是喋喋不休地說個沒完沒了，不煩悶才怪呢。

這是美術班報名的最後一天。老師正在整理學生的報名表，某班的小劉悄悄地走進來。老師很喜歡這個有藝術天分的孩子，笑咪咪地對小劉說：「我正要找你，怎麼到最後一天了才來報名？」小劉低著頭，小聲說：「對不起，老師。我不報美術班了。」

「為什麼？」老師疑惑地問：「你學了好幾年了，放棄太可惜了。」小劉慢慢抬起頭，眼睛已經濕潤了：「我也不想放棄，可是爸爸和媽媽不讓我學了。」老師讓小劉坐下，耐心地說：「來，跟老師說說是怎麼回事。」

學生表示，爸爸媽媽對他很好，在家裡什麼事都不讓他做，吃的、用的都給他最好的，可他覺得一點都不開心。每天回家，除了吃飯睡覺，爸爸媽媽都在一旁監督著他寫作業，平時只要往電視機前一站，媽媽就說：「我們為了這個家，在外工作多不容易，你不能偷懶，要努力呀。」只要他有一點不聽話，爸爸就教訓他：「我們為你創造了這麼好的條件，花那麼多錢讓你上好學校，幫你買書、買電腦，讓你學習那麼多才藝，你要是表現不好對得起誰？」小劉覺得，在父母的眼裡，因為自己上學花了他們的錢，就欠了他們很多很多，所以只能聽他們的話、按他們的要求做，沒有一點自由和自尊。

「我想繼續上美術班，可爸爸媽媽讓我之後去補習，我和他們解釋、爭取了半天。最後，爸爸生氣了，對我說：『你報名是我付的錢，就得聽我的！』」小劉望著老師，難過地說，「我真想逃離這個家，靠自己打工賺錢，這樣我就再也不用花他們的錢了，我就可以做自己想做的事了。」

小劉的父母認為自己為孩子付出了很多，孩子就要無條件地聽從自己的安排，這是十分無理、霸道的行徑。其實，很多父母都在有意無意地扮演著這種角色。他們總把自己為孩子的付出、把為孩子花了多少精力和錢財掛在嘴邊，希望以此帶給孩子一些鞭策、動力，實際上卻成為孩子巨大的心理負擔，甚至造成孩子的叛逆行為。他們覺得既然為孩子付出了，孩子服從父母的安排、按照父母的要求行事就是理所當然的，因此，在對孩子的管教中往往態度衝動、急躁，方法簡單、粗暴；他們只注重為孩子提供充裕的物質生活，只注重孩子的學習，而忽視了孩子的情感、心理和學習以外的其他需要，這是一種不理智的、片面的愛。

而父母的這種不理智的愛，往往在無形中會為孩子造成很大的精神壓力，使孩子覺得自己在父母眼中沒有地位、沒有自我，活得沒有自由、沒有自尊，只是為了回報父母的付出，實現父母的希望而學習、生活。有些孩子會因此產生一種無助和惶恐的感覺，總怕自己沒有達到父母的目標而緊張、不安，生怕對不起父母，讓父母失望，生活在愧疚和無所適從中；有些孩子則會認為父母為自己的一切付出都是有目的的、功利的，是出於自己的私利，而根本沒有為孩子考慮過，並用抗爭、叛逆來試圖改變這種狀況，甚至不理解父母的愛反而抱怨、痛恨父母，做出一些極端的事情來。

常常把付出掛在嘴邊的父母，除了表現自己的強悍之外，同時，也表現出自己是個毫不自信、毫無智慧的人，因為自信的父母是從不刻意要求孩子的回報的，不需要透過提醒來限制孩子的自由，而智慧的父母懂得凡事都有限度，過猶不及。

當然，讓孩子知道父母的付出是必要的，這樣孩子才會珍惜來之不易的生活，才會懂得感恩。但父母不應把這一點時時掛在嘴邊。如果父母能緩和一點，正面一點，效果會更好。為此，給父母一些建議：

第一，父母的愛要理智。孩子不是父母的私有財產，而是一個獨立的，有思想、有感情的人。父母為孩子的付出，是做父母應盡的義務和責任，而不是為了讓孩子背負一筆永遠虧欠的、無法償還的債務。所以，父母要尊重孩子的人格、自尊，要關心孩子的心理和情感需要。

第二，以平和的心態對待孩子的學習成績、興趣愛好，尊重孩子的選擇。父母可以給予孩子一些建議，比如告訴他學習一門什麼樣的技能會非常有用、會對他的學業甚至以後工作都有所幫助，建議他可以試著學學，但不要強制，也不要因此要求孩子放棄他原來的愛好。

第三，不要對孩子說「我為你花了多少多少錢」、「你看我多不容易」、「為了你……」。其實，父母的付出並不是為了得到孩子的回報，父母真心誠意為孩子的付出，孩子會看在眼裡，並漸漸懂得體諒父母的苦心。

父母消極的態度會造成孩子的消極性格

日本腦科專家七田真說過：「每個孩子都會成長為家長想像中的樣子，積極的態度塑造出積極的孩子，而消極的態度，也一定會塑造出消極的孩子。」誠然，如果家長總認為孩子「發育太慢」、「沒有任何才能」、「沒有一點長處」，那麼孩子就會按照家長的這種想法成長。也就是說，孩子有出息或者沒出息，其原因就在於他們的家長，他們呈現出的狀態正是家長教育的結果。因此，要想自己的孩子有出息，家長就應該停止用消極的態度來對待自己的孩子。

可是，令人遺憾的是，並不是所有的家長都能意識到這一點。因此，在現實生活中，我們總是在有意或無意中對孩子採取了消極的態度、使用了負面的語言。

下面，讓我們來看看以下的幾個案例。

門鈴響起，有一位媽媽開了門，進來的是同事小張，媽媽請小張進門。這時，四歲的亮亮正高興地玩著遙控汽車。他拿著遙控器，追著玩具汽車跑，從小張和媽媽之間穿過。媽媽一把拉住他：「你這孩子，這麼不懂禮貌！快，向阿姨問好！」

亮亮嚇了一跳，傻傻地站住了，一時不知怎樣開口打招呼。

媽媽很尷尬，抱歉地對同事說：「這孩子總是這樣，見到陌生人都不敢說話。」

以後，只要有客人來到家裡玩，亮亮都一聲不吭地回到自己的房間裡，這讓媽媽覺得非常挫敗。

亮亮的媽媽與很多注重禮節卻不知道教育方法的父母一樣，把孩子嚇了一大跳，更讓孩子在客人面前「丟臉」。亮亮小小年齡就遭受這樣的打擊，又聽到媽媽消極的語言暗示：「這孩子總是這樣，見到陌生人都不敢說話，嘴上像貼了封條似的」，所以，他就會覺得自己天生就是這樣，見到

父母消極的態度會造成孩子的消極性格

客人不問好是理所當然！與亮亮的媽媽做法不同的是青青的媽媽——

門鈴響起，媽媽開了門，進來的是同事小陳，媽媽請小陳進門。這時，五歲的青青正高興地玩著遙控汽車。他拿著遙控器，追著玩具汽車跑，從阿姨和媽媽之間穿過，匆匆地問了聲阿姨好後，就追自己的玩具汽車去了。媽媽叮囑他：「慢點。」

不一會兒，客人離去了，媽媽把青青叫到面前，對他講了一個故事，其中就有家裡有客人來訪時的場景。然後，媽媽問青青：「你說這種做法對不對呢？」青青有點不好意思地回答說：「不對，我以後再也不會這樣了！」媽媽一聽這話，欣慰地笑了，並且不失時機地鼓勵孩子：「我就知道青青是一個懂禮貌的好孩子！」

以後，只要家裡來了客人，青青都會上前很有禮貌地問好。客人們都誇獎青青是一個懂事、有禮貌的好孩子，還羨慕青青的媽媽教得好！

同樣是孩子不甚禮貌的表現，但青青的媽媽卻採取了積極的教育態度。先用故事教育孩子，讓孩子能夠理性地分析、判斷自己的做法，之後又不失時機地教育孩子，讓孩子覺得自己就是一個「有禮貌」的好孩子，以後，他自然就表現得更好了。

以上的兩個故事告訴我們家長，如果你希望自己的孩子表現更加出色，那麼就應該給予孩子積極的引導與暗示。這樣，孩子才能長成「出色」的模樣！

以下有幾個須注意的地方。

第一，不要過於看重孩子的錯誤。在我們的生活中，常有一種錯誤的想法是「找出問題，才能進步。」在這種錯誤觀念的推動下，許多「恨鐵不成鋼」的家長似乎都成了專門從雞

蛋裡挑骨頭的專家。動不動就指責、挑剔孩子，造成孩子遭受很多不必要的挫折，信心喪失；更有一些孩子非常害怕犯錯，但愈是害怕犯錯，就愈容易犯錯。如果孩子感覺不到自己的「進步」，時間久了，他們自然就認為自己總是一錯到底，再也無法打起精神了。

因此，作為家長，如果你希望自己的孩子成長進步，就不要盡挑孩子的錯誤，不必對孩子的錯誤耿耿於懷。相反，你應該鼓勵孩子把錯誤當成成功的跳板，這樣，在錯誤中，孩子學會的是學習與進步！一個善於從「錯誤」與「失敗」中總結經驗的孩子，怎麼可能不成功呢？

第二，相信孩子，給予孩子積極的期待。家長有益的幫助會導致孩子積極的發展趨向；反之，消極的期待則會導致孩子發展趨向於消極。如果一個家長認為自己的孩子不可能做好某件事，得到的結果通常就是如此。

小明想參加學校足球隊的選拔，爸爸覺得他才國三，各方面的條件還不夠，於是對小明說：「我覺得你今年選不上，為什麼不等明年再參加呢？等到明年的時候，你的年齡大一點，技術更成熟一點，選上的可能性就更大了。」

但是，固執的小明不聽爸爸的話，他堅持今年一定要參加。

爸爸見小明這麼堅決，只好無奈地說：「好吧！那你想參加就參加吧，不過你可別說我沒有事先提醒過你。」

到了選拔時，小明「果然」如爸爸預料的，沒有選上，他因此非常沮喪，覺得自己沒有踢足球的天分。從此，對足球失去了興趣！

其實，故事中的爸爸並不是要故意洩孩子的氣，他只是希望小明準備好以後再參加。然而，小明卻覺得爸爸是在暗示自己沒有能力。在這種消極情緒的影響下，小明失敗是意料之中的事情。

事實上，期望對孩子的影響很大，當家長不相信孩子的能力，預期孩子會失敗時，孩子就會在心理或者言行上表現出沒有信心，最終導致失敗。反之，如果家長相信孩子的實力，鼓勵孩子，給予孩子積極的期待，那麼孩子就有可能成功。因此，相信孩子，別讓你的孩子成為負面期望的犧牲品。

第三，以身作則，做孩子的榜樣。

這是兩個經歷相似，學歷相同，社會地位同等的父親。

然而，面對生活中不如意的時候，第一個父親往往是樂觀、公正地看待它，分析造成眼前挫敗的原因；而第二個父親表現出來的則是麻木和消極抵抗的態度。

兩個父親各有一個男孩，他們一樣的健康、聰明。上學後，他們都面對著種種老師的誤解和考試成績不理想的狀態。這時候，第一個父親往往靜下心來，幫孩子一起尋找問題，教他解決的方法；第二個父親則是當著孩子的面狠狠地大罵社會制度與老師，彷彿所有的波折都是有意讓他們父子難堪。

有一次，發生了地震，兩個孩子都被埋在了廢墟下。他們周圍沒有人，沒有食物，只能等外面的救援。第一個孩子表現得很冷靜，他盡量減少動靜，保持體力和足夠的氧氣，然後用磚頭不斷地敲擊，發出救援的信號；而第二個孩子當時就嚇壞了，他絕望地哭了起來。

等救難隊找到他們時，第一個孩子還頑強地活著，第二個孩子卻離開了這個世界。

看，家長的處世態度對孩子有著多麼大的影響呀。一個心態消極、總喜歡抱怨的家長也會潛移默化地影響孩子的成長，為他的心理帶來陰影，讓自己的孩子變得和自己一樣消極。而心態積極樂觀的家長則會讓孩子變得更加積極、樂觀、向上。

因此，作為家長，特別是心態消極的家長，一定要從孩子的角度出發，重新塑造自己的人格，力圖調整好心態，使自己具備達觀的人生態度，起到好的榜樣作用！這樣，才能為孩子一個培養優秀品格的溫床。

對於孩子的任性，不能走向兩種極端

現今的家庭中，任性的孩子愈來愈多。

研究表明，任性是孩子一種不正常的心理狀態反映，往往是他們用來要脅父母，滿足自己某種需要的一種手段。因為孩子的思維是以自我為中心的，他們常常根據自己的嚮往、興趣，向父母提出這樣或那樣的要求。

面對孩子的任性，父母往往很頭痛，不知如何是好，容易走向兩種極端。

舉個例子。有一位爸爸板著臉快步背著六歲的兒子往家走，背上的兒子還在因為得不到想要的玩具而不停地哭鬧。這時，爸爸實在忍無可忍，一把將兒子從背上放下來。這個舉動使得一直在後面追趕的媽媽倍加心疼，媽媽見狀馬上加快了腳步，趕到了兒子面前，並在兒子面前狠狠地推了丈夫一把：「你真過分。」媽媽心疼地抱起孩子，並告訴他：「爸爸是個大壞蛋。」

對於孩子的任性，不能走向兩種極端

孩子要什麼，有些父母就滿足什麼，可謂百依百順。這些父母認為只要無限地滿足孩子的物質需要，就是愛孩子、疼孩子的表現，其實這是一種最無知的愛。如果父母對孩子的要求總是無原則地滿足，就等於慫恿孩子任性、專橫的毛病。實際上，孩子對愛的需要不僅是物質上的，更重要的是精神上的。生活中，有的父母只注意為孩子補充各種營養品，卻忽視了對孩子良好的道德行為習慣和社會適應能力的培養。有的家長幫孩子買了許多書籍或買了電腦，卻沒有正確地引導孩子去讀書或正確地使用電腦，也不明白給予孩子精神鼓勵，實際上，這種精神上的愛對孩子的成長更加重要。

還有一個例子。小東是個任性的孩子。這天，媽媽要去逛百貨公司，小東也想要一起去，可是他的作業還沒有完成。為此，媽媽拒絕了。小東不依不饒，竟當場哭鬧起來，媽媽氣急敗壞：「你這小孩，我就不信拿你沒有辦法！」說完，猛地將兒子抱進房間，「啪」的一聲把門反鎖住，一個人出門了。

有的父母認為，對孩子的任性不能遷就，要採取強硬手段，絲毫不能退讓。孩子要這樣做，偏不許；孩子要什麼，偏不給；孩子要買什麼，偏不買。這樣的結果是，孩子出現叛逆心理甚至仇恨父母。

其實，當父母的態度和孩子的願望恰好發生矛盾，雙方處於相持的僵局時，父母不妨做出暫時的讓步。當然暫時的讓步並不是遷就，而是為了擺脫僵局，緩和矛盾，以便另找合適的機會進行教育。父母可以用「許諾」的方法來暫時轉移孩子的注意力，緩和矛盾。比如，孩子想要一種什麼東西，父母一時拿不出來，父母就可以說：「等一下，我幫你找。」或者父母根本沒有孩子想要的那種東西，父母可以說：「我給你一個別的東西吧。」在運用「許諾」的方法時，父母一定要注意

做到言而有信，答應孩子的事情，事後一定要兌現。有的父母誤以為孩子還小，過一會兒就忘了，對孩子許諾的事，不必當真。甚至有些父母，有時為了制止孩子的某種行為，讓孩子聽話，隨口答應孩子提出的一些要求，以為如此哄騙一下就可以過去了。其實，這種做法不僅不能達到教育的目的，反而會使孩子不相信父母，使父母的威信在孩子心目中降低。有的孩子還可能從父母身上學會說謊、欺騙，養成不誠實的惡習。

人的性格的形成與教育、生活環境、家庭氣氛和社會實踐有著密切的關係。一般孩子的性格在學齡前已初步形成，但不穩定，隨著年齡的增長而趨於成熟，並有很大的「可塑」性。所以要培養孩子良好的性格、杜絕任性行為，應從小抓起。

第一，父母對孩子持有一定的行為界限要求，引導孩子養成良好的習慣。對孩子的要求不能一味地滿足，要分清對與錯，合理的要求可以滿足；無理的要求，不能答應。孩子一旦哭鬧，千萬不可打罵，要耐心地給孩子講道理，最好是用既生動又富有教育意義的小故事予以開導。

第二，在孩子任性時，父母要善於轉移孩子的注意力。例如，孩子進入超市，吵著要買糖果；看見氣球，又鬧著要氣球，此時，父母可設法讓孩子去觀察某一事物，使他忘掉剛才哭喊著要的糖果、氣球。

第三，父母要有耐心。當孩子哭鬧時，父母可採取漫不經心的態度，讓孩子知道，他的哭鬧嚇唬不了誰，這樣，他就會自討沒趣，漸漸地安靜下來。

總而言之，孩子任性，父母不必太過緊張，重要的是疏導其情緒。但切不可時而抓緊教育，時而放鬆教導，全憑自己的情緒決定教育態度。同時，要向孩子明確自己對任性行為的立場與原則，這就會使孩子確切地感到父母的教育態度堅決。孩子那種「我獨占」、「我為主」、「服從我」的不良心理和任性行為，將在良好的教育環境中逐漸消失。

讓孩子「唯命是從」不一定是好事

「你這孩子怎麼又不聽話啦？」、「你什麼時候才聽話，讓媽媽省點心！」、「聽話，爸爸買玩具給你。」這是我們日常生活中經常聽到父母教育孩子的話。「聽話的孩子是乖寶寶」、「大人滿意的寶寶」，一些家長為自己的孩子聽話而感到自得：「看我家孩子真乖，說什麼聽什麼，從不惹大人生氣。」

孩子聽話真的就好嗎？在二十一世紀的今天，這種教育觀念顯然已經落後了。其實，聽話的孩子不一定就是好孩子，淘氣的孩子也不等於是壞孩子。

這裡有兩則外國家長教育孩子的故事。

有一天，媽媽讓孩子畫太陽，孩子畫了一個藍色的太陽。

媽媽問他：「你怎麼把太陽畫成藍色的？」

孩子說：「我畫的是海裡的太陽。」

媽媽說：「你太有想像力了。」

另一則故事則是有一位教育家，到國外看到一個幼兒用藍筆畫了一個「大蘋果」，老師走過來說：「嗯，畫得好！」而且愛憐地摸了摸孩子的頭，孩子高興極了。

教育家不解：「他用藍色畫蘋果，你怎麼不糾正？」

老師笑著說：「我為什麼要糾正呢？也許他以後真的能培養出藍色的蘋果呢。」

看，家長如此容忍孩子「不聽話」是有道理的，它可以保護孩子的想像力，激發孩子的創造力。在外國家長看來，允許孩子「不聽話」指的主要是思想上的「不聽話」，孩子們看到的世界是獨特的，他們的想像力是很豐富的，如果我們用成人的思維方式粗暴地干涉他們，就會扼殺他們的想像力和創造力。給予孩子一點「不聽話」的鼓勵，就是對他們創造性的思想、創造欲望的一種保護。

有人曾在家長中做過一次調查：

「你認為自己孩子主要的優點是什麼？」百分之八十以上的家長選擇「聽話」、「懂事」，而對「獨立性強」、「有禮貌」、「與同儕相處融洽」、「膽子大」及「不怕困難」等五項的選擇率極低。

「你孩子的缺點是什麼？」百分之四十到五十的家長列出「不聽話」、「任性」，百分之五的家長將「過動」這一特點視為缺點。

可見，多數家長都把教育重點放在要求孩子「聽話、老實、懂道理」上，而對孩子的獨立性則要求不高或不作要求。事實上，「太聽話」的孩子在其他方面的發展總有些不足。

德國心理學家恩斯特・海克爾（Ernst Heinrich Philipp August Haeckel）曾做過某個的實驗。他對兩到五歲有強烈反抗傾向的一百名兒童，與沒有這種傾向的一百名兒童進行追蹤觀察，直到青少年時期。結果發現前者有百分之八十四的人意志堅強，有主見，有獨立分析、判斷事物和做出決定的能力；而後者僅有百分之二十六的人意志堅強，其餘的人遇事不能做決定，不能獨立承擔責任。

讓孩子「唯命是從」不一定是好事

「我的孩子太聽話、膽子太小，都快高中畢業了，遇到事情都沒主意，往後退縮。」一位家長向記者抱怨，孩子不聽話讓家長擔心，同樣，孩子太聽話、沒主見也讓家長擔心。可見，在家庭教育中，孩子聽話是好事，太聽話就不見得是好事了。對此，諮商心理師談到，一些家長開始滿足於孩子「聽話、懂事、省心」，到了小學甚至國中時才發現孩子缺乏在家庭、學校、社會獨立處理問題的能力，與同齡人相比顯得退縮、不自信，以前的優點現在變成了需要克服的缺點。

總而言之，「乖孩子」真正成為社會菁英、頂尖人士的不多，他們大多在普通的公司工作。當然，並不是說「不聽話」的孩子就一定聰明、出類拔萃。孩子的「聽話」應更多展現在生活規矩、行為道德上。而孩子天性好動、鬼點子多，家長應做出正確的引導。比如，當孩子出鬼點子時，家長應與孩子一起挖掘更多的樂趣，引導他們應用到實際生活中。

一般來說，因小時候受到過於嚴厲粗暴的「教育」或受父母太多的保護而表現出聽話的孩子，進入青春期後，隨著獨立性要求的劇增，內心所受到的壓抑和潛在的危機就會爆發，表現出強烈的反抗欲。然而，由於他們所受教育的偏差，能力的不足，又會使他們遇到挫折，有的會因此鬱鬱寡歡，遇事猶豫不決，嚴重的還會出現憂鬱症、社交恐懼症等心理障礙；還有的則表現出大量的反社會行為，以自己的格格不入來引起別人的注意。我們許多父母抱怨孩子一長大就愈變愈「壞」，殊不知，這正是父母教育不當而造成的後果。

總是「闖禍」的孩子才會有出息

在家庭生活中，孩子也許會在一件剛買來的白衣服或剛裝修的房屋裡留下他的「美術作品」；也許會把剛買回來的電動玩具拆得七零八落；也許會在一盆水裡加上洗衣粉、鹽巴、墨水，然後放進嘴裡……對於孩子總是「闖禍」，很多家長都是辱罵、痛打。雖然孩子是「乖」了，可是孩子的創造力也可能受到了壓抑。其實，孩子的這些行為，是他在好奇心的驅使下探索世界的表現，其中孕育著豐富的創造因素。

舉個例子，在團體活動「我喜歡我自己」的最後一個環節，為了讓孩子進一步認識、了解自我，大膽評價自我，樹立自信心，老師首先讓孩子互相討論「你有哪些值得自豪的地方或你喜歡自己的哪些優點？」孩子們討論得非常激烈，小潔說：「我喜歡我自己，因為我會講好多有趣的故事。」小國說：「我喜歡我自己，因為我認識許多字。」曉婷說：「我喜歡我自己，因為我會孝敬爺爺奶奶。」對此，韋老師一一作了回應並給予讚美。

這時，一向活潑好動的小圓把手舉得很高，示意老師叫她。老師遲疑了一會兒，說：「小圓，你說說你喜歡自己的什麼地方？」她站起來說：「老師，你為什麼總是叫我們說優點啊，我爸爸說，每個人都有缺點，我想說缺點，大人有缺點，老師也有缺點。」說著，她調皮地笑著。孩子們開始討論。韋老師愣了一下，並沒有阻止，而是給大家半分鐘的時間思考。並說：「是的，我們每個人都有優點和缺點，包括老師也有缺點，比如老師經常會忘了東西放在哪裡，讓小朋友幫忙找，做事有時會丟三落四。老師現在每天都在注意改正這個缺點，也要請你們經常幫助我喔！」接著韋老師說：「那就請你們來說說不喜歡自己的什麼缺點並怎樣改正吧。」孩子們聽後，討論聲更大了。

後來，韋老師總結道：「小圓是一個很聰明但也很調皮的孩子，在活動中經常闖禍。但她今天的『闖禍』使我覺得這個活動更有意義。雖然我預設中沒有這個環節，但我想我以這樣的方式處理，一方面保護了孩子的自尊；另一方面，可以就小圓的問題，引導孩子們在談自己優點的同時，也勇於正視自己的缺點。缺點改正了，變成優點，孩子們的自信心會更強。假如當時我認為小圓所提的問題和我預設的目標背道而馳，擔心會破壞課堂氣氛，不予正面解答而加以阻止的話，這樣做會扼殺了孩子的好奇心和探究欲望，不僅傷害到孩子的自尊，更澆熄了孩子創造性思維的火花。如此，不僅影響小圓一個孩子，而且全班孩子都會以此為戒，會在他們幼小的心靈裡萌發這樣的想法：『一切只能按老師的要求做。』。」

總是「闖禍」的孩子才會有出息

現在的孩子接觸社會、接觸新事物更早、更廣泛，這使不少孩子容易突發奇想，有意無意地「闖禍」。不少家長為此非常苦惱，甚至會嚴厲斥責孩子。但是教育專家認為，只要孩子的「闖禍」沒有超出合理限度，家長都應該寬容對待，對孩子加以正確引導，調動他們的主動性和創造性，這樣才有利於將「闖禍」的孩子培養成才。

專家之所以沒有簡單否定孩子的「闖禍」行為，是因為適當的「闖禍」有利於發展孩子的獨立創造性，有利於調節孩子的情緒，有利於培養孩子的求異思維，使其朝著富有建設性的健康方向發展。

那麼，家長應該如何正確對待孩子「離經叛道」的行為呢？教育專家為廣大家長們提供了如下對策。

第一，正確理解孩子的「闖禍」。家長要知道，孩子的一些行為，其實是對於自己生理心理成熟的一種嘗試。絕大多數並非像家長所想像的那樣，「孩子學壞了」，而只是孩子個體成熟的心理反映而已。

第二，**正確應對孩子的「闖禍」**。家長發現孩子的「闖禍」行為時，的確需要表明態度，但是，方式方法非常重要。應該給孩子一個平等對話的機會，避免因為簡單粗暴而傷害了孩子的感情，甚至激發孩子的叛逆心理，推動孩子走向家長希望的反面。建議家長在這個時候，可以採取「主動式聆聽」，家長可以坐在孩子身邊，主動和孩子聊聊這方面的問題，可以告訴孩子自己在這方面的一些經驗和體會。

第三，**用溝通交流的方式讓孩子打開心扉**。交流、溝通是走進孩子心靈的最好方法。面對「闖禍」的孩子，和他們進行良好的溝通是引導他們的必要前提，每個家長都應該提高自己和孩子交流溝通的能力，只有如此，才能夠走進孩子的心扉，摸透孩子的想法，才能採取具有針對性的、高效的教育方法。

沒有尊重也就不會有真正的教育

許多家長以為，只要是為孩子著想的，對孩子說什麼話、採取什麼樣的教育方式都可以。而實際上，為孩子著想的前提是尊重，沒有尊重就沒有真正的教育，甚至會傷害孩子。尊重生命是一切教育的核心理念。只有尊重生命，才能理解生命的巨大潛能和複雜的差異性，也才會有科學的教育。

日本作家池田大作說過：「尊重孩子的人格，孩子便學會尊重他人。」在家裡，家長要從小就把孩子當成獨立的人來養育。這樣培育出的孩子，走上社會就能夠成為獨立的人。

小麗三歲時，媽媽想讓她學鋼琴，並買了一臺電子琴。但女兒只在才藝班上了一次課後便說：「媽媽，我不想學電子琴了。」媽媽當時雖然很氣憤，但還是耐心地問她想學什麼，女兒說想學畫畫。於是，媽媽讓孩子開始學畫畫。

讀小六時，小麗迷上了電腦遊戲，媽媽感到很苦惱。有一次，媽媽檢查書包，發現女兒竟在作業本上寫小說，已寫了一萬多字了。「土地上不種莊稼，就會長雜草。」於是，媽媽告訴女兒：「電腦不僅可以玩遊戲，還可以寫小說，碰到不懂的問題還可以上網查資料，媽媽相信你能寫出好的作品。」沒想到，就因為這句話，女兒堅持寫作好多年。

國中會考前，小麗想參加漫畫展。媽媽一開始沒答應，擔心影響學業。但小麗告訴媽媽：「您不讓我參加，我沒辦法靜下心讀書。」於是，媽媽答應了。結果小麗在會考過後，以優秀的成績進入北一女中就讀。

教育是以育人為目標的。民主、平等和相互尊重這些現代教育理念應該是教育工作者牢牢奉行的。要想取得好的教育效果，家長應該尊重孩子的心靈、情感和人格尊嚴。

我們說要尊重孩子的權利，是因為孩子從出生開始就是一個獨立的個體，並且是一個權利的主體。他們不是家長的附屬品，他們的人格、尊嚴受到國際、國家和地方各種法律法規的保護。不是因為孩子長大了，有能力了才需要給予孩子尊重。孩子的隱私權、行使民主生活的權利等，都屬於應受到保護的權利範圍。孩子的權利範圍是很廣泛的，其中生存權、發展權、受保護權、參與權是孩子的基本權利。

在現實生活中，時常發生孩子的權利受到侵犯的事件。也許有的家長會認為，給了孩子那麼多的權利，孩子還怎麼管呢？不是無法無天了嗎？其實，這些擔心是不必要的。一個懂得珍惜自己權利的人，比一個不懂得珍惜自己權利的人更容易教育，因為這說明孩子們在成長。而且，孩子的權利是在教育孩子如何更好地做人，而不是教育孩子逃避家長的幫助和指教。

其實，每個孩子都是一朵等待綻放的花，都需要教育者精心的呵護。不時看到有些孩子因為打架、賭博而逐漸走上歧路的報導，在痛心於那些提前凋零、萎謝的花朵之餘，反思我們的教育過程，是否與那種傳統的、專制的、不民主的教育有關呢？

很多時候，家長的所作所為，名義上是為了孩子著想，實則卻是為自己著想：

- 重視孩子學習，希望孩子出人頭地，往往是重視自己的虛榮。
- 重視孩子成長，希望孩子完成自己未圓的夢想，往往是重視自己的願望。
- 重視孩子將來，認為「我是在為你好」的時候，往往是重視自己的判斷。
- 重視孩子是不是「聽話」、「守規矩」，往往是重視自己的權威。

知名文學家魯迅曾說過：「對待孩子，若從小不把他當人，長大了也做不了人。」孩子不是家長的附屬品，而是需要尊重的獨立的個體，這一點是很多家長無法想像和接受的。家長看到的經常是孩子的學習成績、孩子在人前的表現，想到的是孩子是否吃飽穿暖、身體是否健康，但他們沒有看到的或者說是忽略的，是孩子這個人本身。再小的孩子，也是一個人，這個人長大了要走自己的路，給他必要的尊重和選擇的餘地，那麼，成年之後，他才會有自信和獨立的精神。

當然，尊重孩子的自由需求並不等於放任孩子。俗話說：「沒有規矩，不成方圓。」只有自由與規範相結合的教育才真正有利於孩子的身心健康發展。因此，在給孩子自由時一定要有相應的規則約束。比如在家裡，要讓孩子知道各種用品、玩具都有固定的位置，使用後應物歸原處；每日飲食起居也要有一定的規律，要求孩子按時就寢，按時起床。

尊重孩子是家庭教育的首要原則，愛而不嬌，嚴而有格，寬鬆而不放任，自由而不放縱，這是家庭教育的成功之道。

家長必須遵循孩子的成長規律

有這麼一些孩子，無論家長說什麼，他們都聽不進去，還常常頂嘴。這讓家長傷透了心：孩子真是不懂事，不能理解大人的苦衷。

孩子真的如此嗎？不盡然，只是家長太急了。

義大利心理學家瑪麗亞・蒙特梭利（Maria Tecla Artemisia Montessori）說得好：「每個人的成長都有順序，他在某個年齡階段該領悟什麼樣的問題，其實是固定的，你沒辦法強求，過分干涉只會毀了他。」所以說，既然孩子的成長有自然發展規律，那就要順勢讓孩子自由地發展。事實證明，每個孩子在漫長的成長過程中，都有自己的身心發展規律，而每個階段也都有其不同的特點。出生時不一樣，出生後一個月又不一樣，三歲和四歲不一樣，學齡前和就學階段也不一樣。

同樣都是成長，但不同孩子的成長有快有慢。因個性氣質、智力發展、認知水準、知識經驗、心理特點等的不同，而決定了每個孩子在同一發展階段上的不同，加之孩子吸收周圍環境、成人施加教育影響的不同，使有的孩子發展得快些，早早鋒芒畢露；有的孩子發展得慢些，可能屬於大器晚成。

幼稚園裡有個叫小沈的孩子，她週一至週五上幼稚園，週六和週日家長則幫她報了好幾種才藝班，家長說：「多學一點，孩子會成長得更快一些。」但一段時間後，家長找到老師，詢問小沈是不是智力有問題，原因是她學什麼都比別的孩子慢。老師經過幾週的觀察後，得出的答案是，小沈一切都很正常，是她的家長太操之過急了。

顯然，這樣的父母對孩子的教育太過熱衷了，他們害怕自己的孩子「輸在起跑線上」。其實，這種擔心是沒有必要的，因為每個孩子的成長都有自己的時間表。

孩子的成長是有過程的，過程的快慢有其內在規律，而且這個快慢因人而異、因時而異。正如農作物的成熟要經過一定的時間、階段一樣，如果忽視兒童生長的需要和時機，急於得到生長的結果，必然會導致不良後果。教育不能急躁，教育的過程實際上就是尋找最恰當的教育方法的過程，只有找到了最恰當的教育方法，教育才能事半功倍。

法國著名思想家雅克・盧梭（Jacques Rousseau）曾說過這樣一番話：「大自然希望兒童在長大以前，就要像兒童的樣子。如果我們打亂這個次序，就會造成一些果實早熟，它們長得既不豐滿也不甜美，而且很快就會腐爛。」這句話值得所有「望子成龍」的家長深思。

教育孩子一定要考慮孩子的成長規律，教育方法更要適合於孩子的認知結構或智力結構，即以孩子認知結構為出發點，按照孩子的認知結構或智力結構來組合材料、調整內容，進行教育。

第一，**遵循孩子認知發展的階段性**。孩子認知發展具有明顯的階段性，不同階段有其主要特徵：如零到兩歲屬感知運動階段，為了應付當前世界，嬰兒利用天然的動作，如吮吸、抓握、打擊等，在主觀與客體交往中逐漸實現感覺與動作的分化和精確化；兩到七歲屬前運算階段，由於語言的參與，兒童學會了用符號和內心想像去思考，但其思想不夠規律，運算規則不合邏輯，有極強的「自我中心主義」；七到十一歲是具體運動階段，兒童發展了有條不紊的思考能力，但僅僅在他們能借助於具體對象與活動時才可能這樣做；十一到十五歲屬形式運算階段，孩子在一種真正抽象與假設的水準上有條理的思維能力。

第二，**遵循孩子認知發展的連續性**。孩子的認知發展是連續的，按固定順序進行，一個跟著一個出現，沒有什麼階段會突然出現，也不會跳躍和顛倒，先後次序不變，前一個階段的結構是形成後一個結構的基礎。這幾個階段的次序是感知運動階段、前運算階段、具體運動階段、形式運算階段。即感知運動階段是前運算階段的基礎，前運算階段又是具體運動階段的基礎，最後才是形式運算階段，不能從感知運動階段直接跳到具體運動階段，也不能先形式運算階段，再發展到具體運動階段。

第三，遵循孩子認知發展階段進程的差異性。孩子認知發展階段的進程展現出差異性，即有的孩子進入某一階段先於或遲於其他兒童，年齡的表述只具有平均數的含義。在不同學科方面的認知發展也不盡相同。青少年一般先在自然學科領域出現形式運算思維，在社會學科領域的思維發展較慢。而且，同一個人在某一學科領域的思維可能達到了形式運算水準，但遇到新的困難時，其思想又可能會退回到具體運動水準。

可以說，最好的家庭教育應該是那種處於自然狀態的、遵循孩子身心發展和成長規律的家庭教育，而不是按照家長滿意的模式安排孩子的家庭教育。事實上，唯有尊重孩子的成長規律，孩子才能朝著良性的方向健康成長。

第二章　帶著愛的口吻與孩子對話

教育家曾說過：「人之所以成為人，離不開真愛。世界之所以成為世界，依賴於真愛。教育的祕訣是真愛，真愛是衡量一個教育者是否合格的標準。」所謂真愛，就是把孩子當成真正的人、尊重其人格、滿足其需要、引導其發展而不求私欲之利。每一個為人父母者，都應該將對孩子本能的愛昇華為「純粹的愛、科學的愛、理智的愛」。

每一個孩子都渴望得到父母的真愛。的確如此，在家庭裡，如果父母讓孩子時時刻刻成長在愛的中心，那麼，孩子就會生活在快樂與滿足中，孩子就會用一種深深的愛意去感悟生命、健康成長。所以，父母在與孩子相處交流時，一定要帶著愛的口吻，唯有這樣，孩子才會少些調皮、多些乖巧。

與孩子對話過程中展現你的愛

孩子聽不聽話，很大程度上與父母和孩子對話有沒有帶著愛的口吻有關。所謂愛的口吻，展現在父母養育孩子的點滴過程中

大部分父母在感知孩子存在的第一刻，便傾注了自己的全身心，付出自己的關愛，小心地呵護著，吃什麼、喝什麼、日常生活怎樣安排……一絲半點都不敢怠慢。

舉例，有一個十歲的小女孩，在她的日記中記了一件很普通的事情——每天晚上小女孩睡覺前，媽媽都會在她的小臉上親吻一下。她寫道：「如果晚上睡覺時媽媽親親我，我就會覺得自己像一個小公主似的驕傲，我會高高興興地睡覺，可是如果媽媽忙，忘了親親我，我就一直做惡夢，有時甚至不敢入睡。」

女孩的媽媽無意中讀到了這篇日記後心裡久久無法平復。因為這個小女孩生下來就有罕見的「兔唇」，這為父母帶來了很大的失落感。很多次媽媽都想放棄養育這個孩子，可是看著嗷嗷待哺的孩子，媽媽一次又一次捫心自問：「自己真的捨得嗎？」後來在丈夫和長輩們的勸導下，這位媽媽堅定了繼續把孩子撫養大的信心。

因為女孩生下來有缺陷，所以，當父母的要比其他擁有一個正常孩子的父母花費更大的心血和精力去呵護孩子。為了治療女兒的「兔唇」，夫妻倆四處籌集資金，積極地為孩子治療。另一方面，當孩子開始接觸外界的時候，夫妻倆就開始做好了各種心理準備，接受別人的「嘲笑」、「驚訝」、「厭惡」、「恐懼」等各種表情的洗禮。當孩子稍微懂事的時候，當她接受別人的嘲笑第一次跑回家哭泣的時候，爸爸媽媽便明明白白地告訴孩子：「妳是我們唯一的非常獨特的寶貝，即使妳不完美，但是妳心地善良、冰雪聰明、活潑開朗，妳與其他孩子一樣，也是這世間的精靈，是爸爸媽媽的小天使！」或許孩子還聽不太懂爸爸媽媽的話，可是她能體會到父母對她的深深愛意。

可以說，給予孩子無私的愛是為人父母的天性，這種愛是培養孩子良好品德和行為的感情基礎，沒有這種愛，就談不上對孩子的教育，更難以達到良好的教育效果。然而，父母在給孩子無私關愛的同時，應注意以下幾點。

第一，父母要有理智、有分寸地關心愛護孩子。父母既要讓孩子感受到真摯的愛、家庭的溫暖，又要讓孩子懂得關心父母和其他家庭成員，並逐步要求孩子做一些力所能及的自我服務性勞動和家務勞動，這不僅有利於培養孩子熱愛勞動、關心團體的好品德，而且也有利於培養孩子的智力和自理能力。

第二，父母要正確對待孩子的要求。人都是有需求的，而且是多方面的，往往也是無止境的。對孩子的需求要具體分析，要以家庭的實際經濟狀況和有利於孩子的身心健康為前提，不能百依百順，有求必應。過分地滿足孩子的需求容易引發孩子過高的欲望，養成愈來愈貪婪的惡習。一旦父母無力滿足其需求時，勢必引起孩子的不滿，致使其難以管教，當其欲望強烈而又得不到滿足時，就容易走上歪路。

第三，父母對孩子的要求要適當合理，既要符合孩子實際情況又要有利於孩子的身心健康。父母若要求過高，孩子即使經過努力也無法達到，這會使孩子喪失信心，也就起不到教育效果。同時，父母的要求一經提出，就要督促孩子努力做到，否則就起不到教育效果。

第四，父母要對孩子始終充滿期望。父母在任何情況下對孩子都要不言放棄，孩子是有差

異的，我們的孩子生下來並不是一樣的，性別不一樣，長相不一樣，身高體重也不一樣，實際上孩子出生時有很多差別，包括先天神經、大腦發育和性格氣質都不一樣。

當黑暗襲來時，父母無私的愛，恰似不滅的燈塔，給予孩子光明；當意志消沉時，父母無私的愛，恰似激昂的旋律，給予孩子鼓舞；當煩惱襲來時，父母無私的愛，恰似激越的號角，給予孩子力量；當生命面臨乾涸時，父母無私的愛，恰似大江大河的源泉，給予孩子希望。

父母是孩子的天使

一天，一個即將出生的孩子問上帝：「聽說你明天就要把我送到人間了，我那麼弱小而無助，在那裡怎麼生存呢？」上帝回答說：「在眾多的天使中，我幫你挑了一位天使，她會照顧你的。」

「在天堂裡，我除了笑，什麼也不會做……」

「你的天使會陪著你笑，你會感受到你的天使對你的愛，你會幸福的。」

孩子接著說：「如果我不懂人類的語言，別人對我說話時，我怎麼能明白呢？」

上帝說：「你的天使會告訴你你從未聽過的、最美好、最悅耳的詞語，還會耐心地、仔細地教你說話。」

「聽說人間有壞人，那誰來保護我呢？」

「你的天使會保護你，即使那意味著她要冒生命危險。」

此刻天堂一片寧靜，而人間的說話聲已經可以聽到。孩子匆匆地細聲問道：「上帝，我馬上就要離開了，請告訴我，我的天使的名字。」

父母是孩子的天使

上帝答道：「你的天使的名字並不難記，你的天使就叫『媽媽』。」

孩子是懷著無限的希望來到人間的，在睜眼的一瞬間，就已堅信媽媽是自己的天使。既然是天使，就應該給予孩子愛、激勵、保護……可惜的是，事實並不盡如人願。自古以來，華人社會就有貴賤、高低等級之分。「君君，臣臣，父父，子子」，可以說，直到今天，過去傳統社會的倫理觀念，多多少少還在影響著人們的生活，特別是在家庭裡，家長與孩子之間往往是不平等的，普遍形成了家長說孩子聽的慣例，父母是至高無上的權威，孩子要逆來順受，無條件地服從。

許多父母認為自己給了孩子生命，孩子就是自己的私有財產，他們總在無形中把自己置於至高無上的位置上。這樣的父母，遇到孩子胡鬧或者成績不夠理想時，就會用強大的威嚴斥責孩子，並認為自己有權利對他們進行懲罰。

舉個例子。有一個男孩因為考試成績不好已經在學校遭到了一番責備，內心正受著自卑情緒的折磨，非常難受，回到家後，父母不管三七二十一，對他又是一場暴風雨般的斥責，把孩子已有的傷口撕扯得更大，這時的孩子是多麼的難受，心靈的創傷和扭曲是多麼的嚴重。可是，很多父母在遇到類似這種情況時，並沒有真正理解到孩子的處境。

世界上沒有不愛自己孩子的父母，但為什麼許多孩子的心卻滿目瘡痍？是的，家長總有一大堆理由證明自己這樣做是為了孩子好，只可惜，這樣的愛是「上帝」之愛而非「天使」之愛。天使的愛是平等的。

「愛」是人類最熟悉的一個詞，也是人類的生命之源。愛孩子，就要尊重孩子，尊重孩子的自我選擇；愛孩子，就要理解孩子，理解孩子的痛苦和歡樂；愛孩子，就要懂得欣賞孩子的優點，並隨時發現孩子的各種能力和熱情，為孩子的每一點進步鼓掌；愛孩子，就不要以指責和挑剔的態度

對孩子，更不要把自己的意志和願望強加於孩子。要知道，愛所表達的是體諒、信任和理解。

有一位小學老師在家長會上講述了一件自己親身經歷的事情。

「去年，班上有一個男生，剛開學時各方面表現都不太理想，當時他父母既著急、又失落，對他的表現很不滿意。有一次在活動中，全班只有他能將『小蝌蚪找媽媽』這個故事完整地講出來，當時我很驚訝，平時看他在班上不怎麼說話，其實他細心地記住了我所教的內容和知識。那天以後，我和他的父母交談過，達成了一個共識，就是每位孩子身上都有閃光點，只是家長有沒有注意、有沒有發現而已。家長平時要以健康的心態與孩子交流，要用愛的目光注視孩子，做孩子的天使，多鼓勵、多支持，孩子就一定會不斷地帶給大人驚喜。」

父母是孩子的長輩，父母與孩子存在著監護與被監護的關係。從傳統觀念上看，父母是教育者，子女是受教育者，但這種關係不是絕對的，更不應該是固定不變的。當我們把孩子當做平等的人來看待時，就會發現父母和子女在人格上是平等的。在高科技迅速發展的今天，我們更應該提倡父母做孩子的天使，而非高高在上的上帝。

那麼，父母怎樣才能成為孩子的天使呢？

首先，天使是美麗的，父母要做個美麗的使者。父母就像是孩子的一面鏡子，你的一顰一笑、一言一行都會成為孩子模仿的對象。因此，對於父母而言，美麗就意味著簡潔大方的衣著，談吐文明的語言，得體優雅的舉止。

其次，天使是快樂的，父母要做個快樂的使者。幼教之父陳鶴琴先生在《活教育》一書中提到的理想的父母形象，第一個標準就是笑嘻嘻的和藹可親，說笑有禮。有一位老師在與學生的談話中，發現很多學生不知道如何做一個快樂的人，遇到困難就愁眉不展，碰到挫折就自怨自艾，稍遇不公就大發雷霆。老師再問，「你們的父母笑口常開嗎？」答案全是否定的。老師後來總結：「父母應做孩子樂觀的榜樣。」

最後，天使是純真的，父母要做個充滿童心的使者。在孩子的眼裡，萬物都是有靈性的，他們會向漂亮的花兒招手，會對著眨眼的星星講故事，會跟著蝴蝶翩翩起舞，會為找不著媽媽的小鴨子流淚。每一顆童心都蘊藏著一個美麗的童話，只有童心未泯的父母才能進入這「童話的世界」。父母要做孩子的天使，就不能不保有一顆童心。

總之，父母要做孩子的天使，把愛散播給孩子。

與孩子一起分享喜怒哀樂

「一份快樂與人分享，就會變成兩份快樂；一份痛苦兩人分擔，痛苦就只有原來的一半。」父母要學會與孩子一起分享喜怒哀樂，在分享的過程中，父母與孩子的關係才會愈來愈親密，心與心才會貼得更緊。我們每個人都有這樣的心理體會，當自己有何喜怒哀樂時，總想和他人一起分享。我們成年人，有和人分享的心理需要，同樣，孩子也需要人與他分享生活中的喜怒哀樂。因此，父母要注意經常和孩子交流、溝通，一起分享喜怒哀樂。

舉個例子。當孩子在學校和同學有爭執，心裡正煩悶，回到家後沉默不語。

家長一：「到底發生什麼事了？你快說呀！」

家長二：「你不想說一定是有原因的，沒關係，你什麼時候願意告訴我了，我都會願意聽你說的。」

再舉個例子。

孩子考試得到了好成績，心裡很高興。

家長一：「這樣的成績有什麼好高興的，趕快再去複習，下次必須考到第一名。」

家長二：「你真棒，有進步！」

最後一個例子。

孩子抱怨說：「今天作業真多！」

家長一：「這點作業算什麼？你太懶了！」

家長二：「辛苦你了，我會陪你一起完成的。」

家庭應是充滿理解和信任，能夠讓孩子身心放鬆的場所。父母是孩子的第一任教師，家庭和睦，孩子才會覺得家長是可信賴的朋友，樂於和家長交流商討，從而有利於孩子的開朗、坦誠、堅韌等良好心理素質的形成。家長一總以大人自居，一點都不懂得體諒孩子的心情，而家長二則十分開明，時常站在孩子的角度為孩子思考問題，懂得與孩子一起分享喜怒哀樂。作為父母，更應學習家長二，懂得在孩子的生活中製造快樂的元素，因為與人分享快樂就是給予別人的一種愛，反之，如果快樂沒有人分享就是一種懲罰。

分享快樂還包含欣賞別人的含義，欣賞別人其實就是真誠地去分享對方的優點。有人說，我們不見得都喜歡我們所賞識的人，但一定喜歡賞識我們的人。人同此心，心同此理。父母與孩子分享快樂，孩子就一定會更親近父母。

日本作家森村誠一說過：「幸福愈是與人分享，它的價值便愈會增加。」所以說，「分」的人是幸福的，因為他實現了自己存在的價值；「享」的人是快樂的，因為他感受到了真愛和友誼。

分享是快樂的大門，學會分享，你就進入了快樂的城堡。無人分享是痛苦的大門，無人分享的人就走進了痛苦的泥潭。

分享的回報在很多時候都是生活的驚喜，分享的習慣除了擁有朋友，擁有關懷，還擁有不一樣的體驗和經歷。分享的時候讓我們感受到的更多的是一份純粹的快樂和一種回歸的質樸與真誠，與這個浮躁的社會相比，分享的過程讓人心裡充滿陽光。

其實，家庭教育的過程就是家長與孩子互相分享的過程，與孩子一起分享喜怒哀樂，意味著家長更多的是展示，而不是灌輸；是引導，而不是強制；是平等的給予，而不是居高臨下的施捨。如果因為忙而忽略了與孩子分享情感的需要，也就等於剝奪了孩子健康成長的養分，阻礙了孩子的發展，還會給孩子造成性格和心理的缺陷，這樣的家長不管有什麼樣的理由，都是不稱職的。

家長分享孩子的喜怒哀樂，孩子會感覺到家長對自己的愛，也會感受到家長對自己的尊重。這樣一來，孩子不但滿足了與人分享的心理需要，而且知道了自己在家長心目中的重要位置，就會更懂得珍惜家長對自己的愛，同時會對家長的教育和引導產生積極情緒。家長分享孩子的喜怒哀樂，對家長而言，因為和孩子分享了一切，對孩子有了更多的了解、更全面的認識，從而更有效地實行因材施教，也就不會輕易地指責孩子或武斷地下結論。因此，家長和孩子一起分享喜怒哀樂，無論是對於孩子還是家長，都是非常有益和重要的。孩子在分享後對家長更加敬重，家長在分享後學會了對孩子理解和寬容。有了分享，家長可以及時地發現孩子的缺點與問題，並根據情況進行有效的引導、解決；有了分享，孩子對家長抵觸的情緒減少了，叛逆心理沒有了，更容易接受家長的教導。

在孩子眼中，這個世界是如此新穎、神奇，而對於大人來說，這個世界也許更多的是名利的汲

汲營營。和孩子們在一起，父母還應做好「預習」，那就是要不斷擦亮自己日漸渾濁的眼睛、淨化自己日益倦怠的靈魂。

分享使孩子不再孤單，分享為孩子帶來愛的曙光，分享為孩子往未來前行的希望，分享能使孩子身心健康地成長。因此，父母要學會和孩子分享喜怒哀樂。

一定要營造溫馨的家庭氣氛

孩子的快樂是和「家」連繫在一起的。牽著大人的手像小鳥歸巢般飛回自己的家中時，那裡的一切都是熟悉：客廳地板放著玩具，床頭放著玩偶，床下還堆著五彩的積木，而家裡瀰漫著的輕鬆、溫馨、童話般美好的氣氛更是孩子的摯愛。在孩子的眼裡，家是世界上最溫暖、最可靠的安身之所。

是的，孩子們在溫暖的家中嬉戲、放鬆、學習、成長，作為父母，又有什麼理由不為孩子營造這樣一方溫馨的天空呢？

蘭蘭是個開朗快樂的小女孩。可是最近兩個月以來，蘭蘭在學校變得沉默寡言，情緒波動很大。到下午離校的時候，蘭蘭總是第一個站在門邊焦急地等候，父母稍微來晚一點，她就會哇哇大哭。是什麼讓蘭蘭變得如此情緒反常？原來，蘭蘭的爸爸媽媽最近經常吵架，衝突激烈時甚至當著蘭蘭的面扭打在一起，這樣的場景為蘭蘭的心靈留下了陰影。

在養育孩子的過程中，千萬不要忘記夫妻之間的愛會為孩子帶來心理上的安全感，孩子從這裡體會到什麼是愛，什麼是關懷，也從這裡開始學習如何與人相處。要讓孩子成長得健康快樂，父母之間和諧相處是重要的條件。

一定要營造溫馨的家庭氣氛

美國人做過一項有趣的調查，他們用錄音的方式，經過數星期記錄百對夫妻的對話，當刪除了「拿鹽給我」之類生活必用的話題後，夫妻間在一星期內的平均談話只有二十七分鐘。的確，孩子的到來，打破了寧靜的兩人世界，家庭生活的重心發生了改變，生活節奏也驟然加快，洗奶瓶、換尿布、煮飯、陪孩子玩，從早忙到晚，身心疲憊。但是只要有心，總能擠出時間交談。

適當放鬆心情，享受夫妻之間的兩人世界是必要的。年輕的媽媽不必為此感到內疚和不安，在可能的情況下，在週末將孩子託付給長輩或者兄弟姐妹照顧，享受一段輕鬆的時間，既能增進夫妻之間的感情，也能夠以快樂的心情和充沛的精力回到養育孩子的「事業」中。

有人認為孩子是夫妻關係的潤滑劑，也有人說孩子是夫妻爭執的導火線。撫育孩子的日常勞累往往使我們只看到憂慮和沉重的一面，而忽略了幸福快樂的一面。只有當孩子長大成人，往往在回首往事時，年邁的父母才從中體會到養育中的甘美。為何不從現在開始充分享受這一去不復返的天倫之樂呢？春天的草坪上，爸爸媽媽牽著孩子的小胖手漫步；冬日裡父母和孩子在雪花飄飄中打雪仗；在家中的床上逗寶寶開懷大笑。這是世界上最美麗的畫面，是充溢著愛情、親情的畫面。

在普通人的眼光裡，一向是男主外，女主內。男人在家中做家事，帶孩子是沒有出息的表現，被人所不齒。隨著時代的變遷，這種觀念逐漸被人們所拋棄，男性參與養育孩子既是孩子成長的需要，也是維護家庭關係的需要。

英國文學家 D. H. 勞倫斯（David Herbert Lawrence）說：「一個父親勝過一百個校長。」心理學研究也證實，父親在促進孩子成長方面扮演著獨特的角色。父親和孩子之間的交往與母親和孩子之間的交往方式是不同的。

父親和孩子的遊戲更多地充滿勇敢、冒險、堅定、力量和創造的特點。母親和孩子的遊戲則更多地傾向於照顧、安靜、情感的特徵。缺乏父愛有可能使孩子變得害羞、膽怯、自卑和缺乏創造性。

另外，生活中經常會聽到年輕人抱怨老人的育兒方式太過時，而老年人則指責年輕的父母責任心不夠。這樣的爭執在三代同堂的大家庭中更為突出，成為家庭生活協奏曲中的一個不和諧音符，影響到孩子的健康成長。要解決這個問題，還是需要年輕父母與老一輩之間的相互溝通和協調。

尊重、孝敬長者是年輕父母首先要做的事情。請記住「今天我們怎樣對待父母，明天孩子就會怎樣對待我們」。

長者在家庭中占有重要的地位。他們時間充足，社會經驗和生活經驗豐富。大多數長輩有著勤勞、節儉、責任感強的傳統道德。他們的言行能夠對後輩起到潛移默化的影響，對孫子輩的強烈情感更能促使他們去輔導和教育子女。年輕父母應該客觀地看到長輩在教育上的優勢並予以充分的承認和發揮。

由於濃厚的親情，往往容易使長者對孩子過分溺愛；而有些長者思想保守和僵化，也容易損害孩子的身心健康。因此父母不要把教育子女的責任全部推給長者，即便工作再忙，也要將教育子女作為自己的一件大事來對待。

別總是利用「忙」作為藉口敷衍孩子

以下是父母常對孩子說的話：

「沒看我忙嗎？你先去做作業！」

「過幾天再陪你玩！」

「讓我休息一會吧，你就別打擾我了。」

當前，由於生活節奏快、工作壓力大，有些父母根本沒有時間關注自己的孩子。他們一心為了事業、為了賺錢，一大早就匆匆趕去上班，很晚了才拖著疲倦的身軀回來，還要忙著做飯、做家事，吃過飯後立刻催促孩子回房間寫作業，而自己又是加班到深夜，不知不覺中忽略了孩子的情感需要。

長期下來，在父母的忽視與冷淡中成長的孩子很可能會產生各種心理問題，比如孤獨、自閉、不善交際。據心理學家研究表明，缺少父母關注的孩子多數不能很好地與人相處，他們怕冒險、怕探索、怕接觸陌生人。因此說，孩子的健康成長需要父母的陪伴。

生於一九六〇到一九七〇年代的人都會懷念過去大家庭的時代，那時，一家人吃過晚飯，便在院子裡乘涼、聊天，好不熱鬧。到了春節，大家歡聚一堂，晚輩向長輩拜年，長輩發壓歲錢，全家其樂融融。然而，今天的情況大不一樣了，家長忙於自己的事情，孩子有著自己的樂趣，親子關係就這樣慢慢地變得淡薄。這一方面當然有著文化及社會變遷的緣故，另一方面也與家長缺乏民主態度來和孩子相處有關，為人父母總不忘記在各方面給予孩子最好的，卻唯獨忘記要與孩子同樂。

有位媽媽，一次下班時，天色已經很晚了，當她看到五歲的女兒正站在居住的社區門口等她。此時的她因為繁重的工作而感到身心疲憊，心情也壞到了極點，因此，她只是面無表情地帶著女兒回到家……

「媽媽。」女兒叫道：「妳能答應我一件事情嗎？」

「什麼事情？」

「我能到妳的公司去嗎？」

「妳在說什麼？我是去工作，又不是去玩！」媽媽非常生氣地說。

女兒看到媽媽生氣的樣子只好默默回到房間裡。

過了一會兒，媽媽認為自己不應該對孩子這麼凶。

於是，媽媽來到女兒的房間，問：「你為什麼想去媽媽的公司？」

「我總是看不到媽媽，我很想念媽媽，如果到了媽媽工作的地方就能看到媽媽了。」女兒小心翼翼地說。

女兒的話擊中了媽媽的心，她發覺最近對女兒的關心實在是太少了。自此以後，她每天下班後都立刻趕回家陪伴孩子，而且注重與孩子心靈上的交流，女兒也從原來的沉默寡言變得活潑開朗起來。看到女兒健康快樂地成長，媽媽終於意識到了陪伴的價值。

的確，孩子的健康成長需要父母的陪伴。忙其實不是忽視孩子存在的理由，稱職的父母總會忙裡偷閒抽時間陪孩子。陪伴孩子，絕不會枯燥無味，恰恰相反，你會獲取無比的幸福和滿足感，這種融融樂趣，是任何事物都無法取代的。更重要的是，在玩與學習的過程中，父母孩子都會有意想不到的收穫。

不管多忙多累，父母都不要忽視孩子的存在，在與孩子交流、玩耍的過程中，既可以緩解自己的工作壓力，又可以增進親子關係。

第一，多和孩子進行交流。為培養一個健康積極的孩子，父母有必要擠時間出來陪孩子。每天下班回家，跟孩子聊聊家常，問問孩子在學校的情況，如：「今天在幼稚園交到了好朋友沒有？」「學校發生了什麼印象深刻的事情嗎？」等等。吃飯的時候說一些輕鬆的話題，讓一家人都懷著愉快的心情進餐。

第二，每天給孩子一個好心情。堅持早晨和孩子一起吃早飯，送孩子出門上學，說幾句鼓勵的話，「吻別」一下，這樣做會讓孩子一天心情都會很愉快。下班回家也不要急著做別的事情，先和孩子玩一下，聊幾句再做其他事。一天下來，孩子總會有話對父母說的，這時候，做一個認真的聽眾是非常有必要的。然後約定，孩子做作業，父母做家務等。

第三，利用假日帶孩子外出遊玩。外出遊玩，不僅可以讓孩子見多識廣，還能鍛鍊孩子其他方面的能力，如與陌生人交往，對行程做計畫安排等。遊玩的過程中，也能增進父母與孩子之間的親密關係。

謹防無度的愛使孩子變得無能

養育孩子一定要有愛，用愛的口吻與孩子對話，孩子才會對家長心服口服。可是，當前，很多家長對「愛」的理解並不深刻，總是給予孩子無度的愛，最終的結果是適得其反。

愛是什麼？愛是理解，是呵護，是寬容，是人類最基本的情感需要，是健全人格的基礎，是我們生命中的陽光和雨露！在所有的愛當中，父母對孩子的愛無疑是最無私、最偉大、最有犧牲精神的。然而，也正是這種人類最偉大的愛，卻在今天的社會中，偏離了方向，讓許多孩子漸漸迷失了自我。於是，愈來愈多的家長感慨，現在的孩子變了！

那麼，這些在「愛」中成長起來的孩子到底變得怎麼樣了？

第一，變得自私。

有一對年輕夫婦，生活十分節儉，但對他們六歲的兒子卻有求必應。

有一天，年輕的母親帶兒子外出玩耍，並為他買了一瓶飲料。兒子喝了幾口不願再喝了，口乾舌燥的母親剛拿起飲料送到嘴邊，兒子就氣沖沖地過來奪過瓶子摔到地上，並高聲尖叫：「這是我的，不准你喝。」看著被浪費的飲料，年輕的母親轉過身去，淚水止不住地流了下來……

這位母親不明白，為什麼自己為孩子付出了全部的「愛」，卻沒有換來孩子的「愛」與尊重呢？

第二，變得無情、冷漠、不懂得關心別人。

在公車上，一位媽媽笑呵呵地對著就讀小學三年級的孩子說著：「來，坐媽媽這！」原來，這位「無私」的媽媽把腿併起來，讓她的孩子坐到腿上。兒子聽到媽媽這話，習慣性地坐了上去，還悠然自得地低著頭，踢著腳。

一路上媽媽愛憐地問著孩子晚上想吃什麼？今天學得累不累？孩子顯得有些不耐煩了，皺著眉頭對媽媽說：「你話真多！」

媽媽一聽這話，聽話地閉上了嘴！

這個媽媽可以說是「無私」的典範，她像天下所有的母親一樣，無私奉獻，不求回報！可是，她沒有想過這樣的「奉獻」背後給孩子帶來的「人格重創」將讓孩子今後無法在社會上生存與發展！

第三，變得懶惰、無能、懦弱、吃不了苦。

麗麗的媽媽與大多數的家長一樣，為了麗麗的成長和學習，省吃儉用，每天為麗麗操勞，幫她買玩具、電子琴、聘請家庭教師，不讓麗麗受一點點委屈，吃一點點苦……

而麗麗也是一個乖巧、聽話的孩子，媽媽說什麼，她就做什麼，讓麗麗的媽媽開心極了！

麗麗高中畢業以後，媽媽把自己辛辛苦苦存下來的五十萬元拿了出來，讓麗麗到國外留學。

媽媽剛把麗麗送走一個星期，有一天，媽媽下班回到家裡，驚奇地發現，她的寶貝女兒居然坐在家裡看電視！麗麗的媽媽驚訝得下巴都快掉了下來了！

原來，麗麗剛到國外，首先遇到的就是「語言不通」這一困難！她的英文水準很難適應國外的日常交流，再加上她在家的時候就不大懂得與人交流，所以，根本找不到一個可以幫忙的對象。所以，只要一遇到事情，她就只能手足無措地打電話回家哭訴！

最後，她終於受不了，就買了張機票回來了。

看著自己嬌氣的「千金」，這位媽媽欲哭無淚！到這個時候她才明白，正是自己無節制、包辦式的「愛」，讓自己的孩子變得「無能」，遇到問題沒有辦法自己解決，只會退縮回來求助。她真後悔自己昔日的那些行為，可是，後悔又有什麼用呢？

在生活中，這樣的例子還有很多很多，孩子之所以變得「沒有自我」，不懂得「愛」別人，正是家長惹的禍！

事實上，真正的愛不是無度、沒有原則的。沒有原則的愛，實際上是對愛的一種褻瀆，是扭曲的愛，並不是真愛，不僅不能讓孩子健康成長，還會「毀人不倦」。真正的愛應該是理智、克制、包容的！真正愛孩子的家長不論在任何時候都會始終不渝地關心孩子的成長，關心孩子的健康。不論他們是得意還是失意，是躊躇滿志還是焦頭爛額，是成功還是失敗，都能堅持對孩子的愛。讓孩子感受到家長在關心他、支持他，是他的堅實後盾……一個愛孩子的家長，不僅能讓孩子感到快樂、安全，更能用自己的愛去培養和引導孩子愛別人的天性，從而變得更加勇敢、堅強、富有責任感。

「愛」是如此重要，可是，為什麼我們的家長就是不懂得「適度」地給予呢？歸納起來，有以下幾個方面的原因：

第一，滿足自己的需要。溺愛的一個重要原因是在父母的自我概念中，除了「孩子的父母」，還有一個「內在的小孩」。他們自己小時候「物質上很貧乏」，或者得到父母的關心不夠，因此時時告誡自己：「我一定不能讓我的孩子和我小時候一樣，我要讓他做最幸福的孩子。」當家長將自己「內在的小孩」投射到現實中自己孩子的身上，無節制地滿足孩子的同時，實際上就是無節制地滿足自己。這種無節制的愛，最終會變成毀滅孩子的溺愛。

第二，隔代教養。隔代教養的祖父母往往比父母更為溺愛孩子，除了那份血濃於水的親情，也會擔心不滿足孩子的要求，照顧不好孩子，讓子女認為自己「不盡責」，因此會極盡寵愛。還有一個原因，就是祖父母對孩子的責任感比較缺位，也會因傳宗接代的喜悅等原因寵愛孩子。

第三，怕傷了孩子的心。一旦不答應孩子的要求，他就哭得滿地打滾，看得家長心痛得不得了，所以什麼原則不原則，早就忘到一邊去了，只想儘快安撫自己的孩子，不計一切後果地滿足他的要求。

第四，彌補愧疚。有一些家長因為忙碌，很少陪孩子，覺得自己的孩子在某些方面享受不到其他孩子的同等待遇等，於是愧疚的家長就千方百計地滿足孩子，只要是他們能做到的都不會拒絕。

第五，比較。「別人有的，我家孩子怎麼能沒有？」抱著這樣的心態，家長生怕孩子得不到其他孩子的同等待遇，所以會不講原則地溺愛孩子。

第六，認為孩子還小。覺得孩子還小，和他講道理也不懂，不如圖個痛快，滿足孩子的要求，認為孩子長大了就自然能明白，現在讓孩子「任性」「不講道理」「自我」一點也無妨。

正是以上的這些誤會，造成了家長對孩子無節制的溺愛與縱容。使孩子最終在「愛」中迷失了自我！

那麼，理智、有原則的真愛應該是什麼樣的呢？

真愛是「寬鬆」的，懂得「愛」的家長會放飛孩子、讓他們學會自己管理自己。

真愛是「尊重」的，懂得「愛」的家長會充分展現出他們的民主、信任、尊重。

真愛是「體貼」的，懂得「愛」的家長能充分地理解孩子，了解孩子的需要，給予孩子心靈上的關懷與溫暖！

真愛是「無條件」的，不論孩子做對了，還是做錯了，真正愛孩子的家長都會一如既往地關愛孩子。

真愛是「解決問題的愛」，當問題發生了，真正愛孩子的家長不會急著去指責孩子，而是去幫助孩子。

真愛是能夠「促進孩子成長」的，懂得把握愛的家長會注意自己愛的尺度，該嚴格時就嚴格，該鍛鍊的時候就放手讓孩子做，該受磨練的時候就狠下心來讓孩子去經歷。

當我們的家長這樣做了，才是對孩子的真愛，才有利於孩子健康地成長！

第三章　孩子「聽話」都是誇出來的

蘇聯著名教育家瓦西里・蘇霍姆林斯基（Vasyl Sukhomlynsky）曾說過：「每個人的心靈深處都有一種根深蒂固的需要，這就是希望自己可以得到別人的讚賞與喜愛，而在兒童的精神世界裡，這種需要特別強烈。」因為這些需求，孩子在意每一個人對自己的看法，他們的最大願望就是得到他人的關心、讚美與喜愛。當他們獲得的肯定與賞識的資訊愈多，他們對自己的信心就愈充足，就愈容易覺得自己是個成功者。這種積極的心態，能激發孩子的求知欲與上進心，使其表現得更加出色。因此，賞識與讚美自己的孩子，是每一個家長義不容辭的責任。

哪怕有的孩子並不優秀、並不出色，作為父母，都應該本著一顆平常心去欣賞他、讚美他、信任他、肯定他的每一點進步，努力挖掘他身上那些看起來微不足道的亮點。只有這樣，孩子才會聽話，在人生的道路上愈走愈自信，逐步邁向成功！

每個孩子都渴望被肯定

科學家曾經做過這樣的一個實驗。

把跳蚤放在桌子上，每拍一下桌子，跳蚤起跳的高度均在其身高的一百倍以上。接著，科學家在跳蚤的上方放一個玻璃罩，再讓它跳，這次，跳蚤碰到了玻璃罩，於是它調整了自己的起跳高度，以避免再次碰壁。之後，科學家逐漸降低玻璃罩的高度，每次跳蚤都在碰壁後主動調整自己的高度。最後，玻璃罩接近桌面，幾次失敗之後，跳蚤便無法跳了。這時，科學家把玻璃罩打開，再拍桌子，可這隻可憐的跳蚤仍然不會跳，原來，它已經失去了跳躍能力了。

其實跳蚤並非真的失去了跳躍的能力，而是一次次的挫折讓它麻木了。對於跳蚤來說，玻璃罩已經罩住了它的潛意識，把它的行動和欲望都扼殺了。科學家把這種現象叫做「自我設限」。很多孩子在他們成長的過程中都有過類似的經歷。由於受到外界太多的責罵、批評和打擊，慢慢地，他們失去了信心，失去了學習的熱情，被外界的評價「自我設限」了。這種情形的出現從一定程度上說是教育的失敗。因此，要想孩子跳得更高，家長應該給予孩子充分的賞識與肯定。

每個孩子在成長的過程中，其心靈都是敏感而脆弱的，他們的自我意識的產生完全依賴於家長和老師對他們的評價。得到的鼓勵、喝彩和掌聲愈多，他對自己的信心就愈充足，表現出來的能力就愈強，就愈能往良好的方向發展；相反，成人給予他的評價愈低、批評愈多，他對自己的信心就愈低，表現就愈差……正因為如此，我們才說，成功家庭教育的前提是賞識與肯定！家長的賞識與肯定，能對孩子的進步產生一種無形的力量，能增強孩子的自信心和激發他們的上進心。

讚賞和肯定對孩子成長的作用非常大。可以說讚賞和肯定是孩子成長過程中的陽光、空氣和水，它能激發孩子的潛能，增強孩子的自信心，是孩子成長過程中最好的心靈營養品。

自然，要做到賞識孩子，家長首先應該對孩子具有真誠的愛。這種愛應該包含著理解、尊重、鼓勵、包容與期望等積極情緒。

第一，尊重和信任孩子，相信孩子的能力。尊重和信任孩子，可以幫助他們自立自強。在生活中，家長最容易犯的錯誤就是事先假定孩子什麼也不會做，什麼也做不好，所以事事都會阻止他們自己做，都要替他們做好。殊不知，這麼做的結果是使孩子慢慢地對自己失去信心，失去自己努力去探索、去追求、去鍛鍊的自覺性。其實，鼓勵孩子的最好辦法就是信任孩子，相信孩子和大人一樣也能把事情做好，放手讓孩子自己去嘗試，如收衣服、拖地、擦桌子等。在孩子嘗試做一件事情的時候，家長只需對孩子說「你能行」、「你能做好」、「我相信你」之類的話，這能讓孩子在做的過程中得到一種自我滿足，增強自尊和成就感，從而不斷增強他的自信心。

第二，家長應努力挖掘孩子的優點。事實證明，能力再弱的孩子都有他的「閃光點」，在日常生活中，家長應注意觀察孩子的行為舉止，挖掘孩子的優點，從孩子的優點入手，及時地給予肯定和鼓勵，不斷地強化他積極向上的認同心理。堅持每天都讚美孩子，這能滿足孩子心靈深處最強烈的需求。

第三，要善於發現孩子的點滴進步，並不失時機地予以鼓勵。比如孩子不會收拾自己的玩具，父母要做的不是指責他，而是告訴他如何收拾好自己的玩具，當發現孩子有一點點進步的時候，家長應不失時機地鼓勵他：「這次收拾得真好，又乾淨又整齊！」當孩子意識到自己好的舉止被父母注意到時，便在內心調整了行為取向，使好的行為得以鞏固。

第四，寬容和理解孩子。寬容和理解孩子，可以幫助他們重新振作。每個孩子在成長的過程中，都可能遇到困難和挫折，都可能遭遇到人際上的困擾與競爭的失敗，都可能不小心做錯了事情。這時候，家長應該寬容和理解孩子，給孩子精神上的鼓勵與支持，讓孩子重新振作起來。

第五，要真心讚美和鼓勵孩子。真心讚美孩子，可以幫助他們揚長避短。鼓勵性的語言很多，應該多用、多創造。比如「你真厲害！」、「你真棒！」、「不要洩氣，再努力一下就會成功。」、「沒關係，失敗是成功之母。」、「我真為你驕傲！」等。

在孩子的一生中最能幫孩子樹立信心、能起到最好激勵效果的，就是他的第一次成功。哪怕是再小的成功，也能增強自信。當孩子學會一個字、得到一張獎狀、做對一道題、縫好一顆紐扣、擦一次地板、洗乾淨一雙襪子時，都有成功的喜悅，會期望自己下一次做得更好。在這種時候得到肯定與鼓勵，將使他對前景充滿信心，從而獲得自信。我們做父母的如能幫助孩子獲得人生的第一次成功，讓孩子品嘗到成功的喜悅，他將來一定能成為一名成功者！

在別人面前真誠地「秀」出孩子的優點

讚美、肯定和親切的態度能提高孩子的自我意識，相反，指責和冷漠的態度只會降低孩子的自我意識。英國哲學家約翰・洛克（John Locke）說：「父母不宣揚孩子的過錯，則孩子對自己的名譽就愈看重。他們覺得自己是有名譽的人，因而更會小心地維護別人對自己的好評。若是當眾宣布他們的過失，使其無地自容，他們愈是覺得自己的名譽已經受到了打擊，設法維護別人好評的心理也就愈淡薄。」可見，在別人面前，孩子的自尊心更加強烈，當著別人的面批評和訓斥孩子，將會傷害孩子的自尊。而最好的方法是經常讚美、鼓勵孩子，尤其是在別人面前讚美孩子。

賞識教育的理論告訴我們，對孩子要多讚美、多鼓勵，少批評、少責罵。經常讚美、鼓勵孩子，尤其是當著別人的面讚美孩子，能使孩子產生成功感和榮譽感，從而增強他們對生活的信心。因此，父母應該把對孩子的賞識擴展到別人的面前，要善於當著別人的面賞識和尊重自己的孩子，讓孩子充分感受到父母對他的重視和欣賞，從而激勵孩子產生無窮的力量和信心。

有一天，一位爸爸帶著女兒出去散步，在路上偶然遇到了好友和對方的女兒，故友重逢，難免一番客套。一陣寒暄後，他們都將話題轉移到了彼此的孩子身上。

這位爸爸問好友的女兒：「小朋友，妳幾歲了？」對方的女兒性格比較外向，一點也不懼生，她很高興地回答說：「叔叔，我今年六歲。」這位爸爸又問：「上學了沒有？」她回答說：「小學一年級。」這位爸爸繼續問：「老師今天教了什麼呀？」對方女兒也回答說：「注音。」

隨後，對方爸爸也親切地詢問自己女兒問題，她正好也上一年級，兩位女孩是同年級。

沒想到女兒一反常態，將臉扭到一邊，冷冰冰地回答說：「不知道！」朋友自覺沒趣，爸爸

也覺得很沒面子，就趕緊打圓場：「還是你女兒乖巧，什麼都會，要是我女兒能有你女兒一半就好了。」說著爸爸無可奈何地嘆了口氣。好友則安慰說：「孩子還小，不用著急，一切慢慢來。」

聊了一會兒，天色漸晚，他們各自帶著孩子往回走。臨別時，好友的女兒很有禮貌地對這位爸爸和他的女兒說：「叔叔再見，姐姐再見。」而爸爸輕輕地拍了女兒一下，示意她跟別人說再見，可女兒毫不理會，一個人朝前面走去了。爸爸無奈，只得尷尬地對好友笑笑，並代替女兒跟他們說再見。

這位爸爸追上女兒，嚴厲地教訓她：「妳看人家妹妹多有禮貌，哪像妳，直接跑掉，真是太不像話了。人家比妳小，但什麼都比妳好，妳得好好向人家學習學習。」女兒不服氣地說：「那些問題我都會，只是我不想回答而已。你為什麼說話老是向著別人，一點都不像是我的爸爸。」說完，女兒低下頭，委屈地哭了。

這位爸爸才知道，原來因為客套，在好友面前貶低了自己的女兒，使女兒的自尊心受到了深深的傷害。從那以後，這位爸爸再也不拿女兒跟別的孩子作比較了，也不在別的家長和孩子面前批評自己孩子的缺點。因為無論是別人家的孩子還是自己家的孩子，他們的自尊心都是柔弱的，都需要別人的呵護和讚美。

從事例中可以看出，孩子比成人更愛面子。他們對於批評與讚美是極其敏感的，如果孩子一有過失，父母就公開宣揚，使孩子當眾出醜，其結果只會加深孩子的被訓斥的印象，感到自己在眾人面前丟了面子，因而感到自卑，甚至產生叛逆心理。恰恰相反，如果孩子被父母當眾誇獎，是一種莫大的快樂。所以，當跟別人說起自己的孩子時，不管孩子是否在場，都要懷著賞識和尊重的心態去談論他們。

當然了，當眾誇獎孩子要講究技巧。

第一，態度必須認真和真誠。不能為了炫耀自己或者敷衍別人而故意吹噓、誇大孩子的優點。

第二，必須有憑有據。要根據孩子平時的表現來賞識孩子，不能為賞識而賞識，憑空捏造事實，讓孩子感覺在作假。

第三，誇獎孩子應該大方。有的父母只說一半就停了下來，表現出謙遜、不好意思的樣子，這樣反而會讓人感覺父母在故意賣關子，在誇耀自己有多麼的了不起。

第四，要適可而止。父母不要說個不停，讓孩子感覺不自在。要知道，賞識的話並不是愈多愈好，有時候說得多了反而無益。

讚美要真誠並恰如其分

根據研究結果，一項針對全國的國中小學生的調查，問了這樣一個問題：「如果你的爸爸媽媽滿足你的要求，你最希望得到什麼？」結果很有意思，有百分之五十七的孩子希望他們的爸爸媽媽看到他們的進步，肯定他們；有百分之四十三的孩子希望自己的爸爸媽媽別總拿他和別的孩子比，別總說別的孩子比他優秀。總之，孩子希望父母能聽到這樣的心聲：「爸爸媽媽，我不想在否定中長大！」

孩子的答案和呼聲，讓我們看到，任何一個人，希望被肯定的要求，勝過了對物質和娛樂的渴望。俗話說，孩子是「誇」大的。是啊，對孩子的表現應給予肯定、讚賞、鼓勵，這樣，才會增強孩子的信心，為孩子帶來積極的情緒，激發孩子做事的積極性。可是，讚美孩子要遵守一定的規

則，要適度，不然會使孩子養成愛吹噓、是非不分等壞習慣。

讚美孩子必須根據孩子的具體情況，發自內心的、真誠的、由衷的讚美，這就需要父母具有敏銳的洞察力，需要父母具有善良公正的心，需要父母具有寬廣的胸懷和氣度。

小英十歲的時候，有一次，她一個人在家把家裡整理得乾乾淨淨。媽媽回來後，禁不住讚嘆：「哇，是誰這麼勤勞，整理得這麼乾淨！」小英從房間跑出來。媽媽說：「原來是我的寶貝女兒啊，妳可真厲害！」媽媽發自內心的誇獎，從此讓小英愛上了整理家裡。

真誠的讚美和肯定，可以拉近孩子與父母心靈的距離，使雙方真正成為朋友。這不僅吸引著孩子向父母真心靠攏，更自然地傾聽父母的教誨，接受父母的人生經驗，而且還讓父母時時刻刻發揮著潛移默化的作用，從積極樂觀的一面影響著孩子的生活與成長。

真誠的讚美和欣賞，可以營造輕鬆、和諧、民主的氣氛。無數事實證明，只有在這樣的家庭氣氛中，才會成長出自信、自律、坦誠、大度、勇於承擔責任和人格健全的下一代。這對孩子適應社會生活、保持心理平衡和維護心理健康具有十分重要的意義。

父母唯有實事求是地去讚美孩子，才能抓住孩子的心，激發孩子繼續向上的欲望。父母若是讚美不當，就如同隔靴搔癢，不僅起不到好的作用，反而會讓孩子反感，認為父母太「虛偽」。

一位媽媽聽說「賞識教育」後，便決定改變以前的教育方式。

女兒每做一件事，無論做得怎麼樣，她都說：「女兒，太好了，妳太棒了！」整整一天下來，女兒被媽媽誇獎得莫名其妙。

晚上臨睡前，女兒摸著媽媽的額頭問：「媽媽，妳沒事吧？」

可見，如果父母不分場合、不分情況地一味讚美孩子，孩子往往就會不知所措，最終達不到父母期待的效果。此外，有些父母認為鼓勵就是說好聽的，或者是不停恭維。其實，這樣只會適得其反。

讚美是一門藝術，是要講究技巧的。讚美孩子時要想達到真誠並恰如其分的效果，就應該這樣做。

讚美要真誠並恰如其分

第一，不要對孩子抱有不切實際的期望。面對當今日益激烈的社會競爭，許多父母都想讓自己的孩子無所不能、無所不精，各方面都力求勝人一籌。這種過高的期望會導致父母總戴著有色眼鏡看孩子。長期下來，父母就不能對孩子有正確、全面的了解，對孩子的讚賞自然就會有失公正，或根本就是敷衍。

第二，讚美要事出有因。讚美不能空泛，要具體。只有實實在在的讚美，才最能感動人。很多父母在讚美孩子的過程中，往往會用「你真棒」一語帶過，並不對孩子的具體行為做出評價。其實，這並不是一種正確有效的讚美方式。特別對於一些年齡尚小的孩子來說，父母更應特別強調孩子令人滿意的具體行為，讚美得愈具體，孩子對哪些是好行為就愈清楚。比如，兩個小女孩在一起玩，一個不小心摔倒了，另一個趕緊跑過去把她扶起來，幫她拍去沾上的土。這時，父母就應讚美得具體一些：「妳今天把小朋友扶起來，做得真好，媽媽很高興。以後和小朋友在一起玩耍，就要像這樣互相關心、互相幫助。」這種具體的讚美，既讚賞了孩子，又培養了孩子關心別人助人為樂的良好行為。孩子以後再遇到相同的情況，也就更容易做出正確的選擇。

第三，讚美要把握時機。孩子取得成績，渴望父母的讚賞，此時，父母應及時予以肯定，這樣，孩子要求進步的動機就會得到強化。否則，孩子就會低估自己的能力，原有正確的動機也會逐漸消失。

第四，就事「讚」事。讚美孩子不要直接針對其人，而應該讚美孩子的具體行為。例如：當孩子畫了一幅不錯的畫時，千萬不能說：「真聰明！」而應說：「這幅畫畫得真不錯。」要知道，過分的讚美，會為孩子播下愛慕虛榮的種子。

第五，因人而異。對年齡不同的孩子採用不同的讚美方式，對學齡前的孩子可多用讚美，入學後的孩子因逐漸懂事，不必事事讚美，讚美應更有分寸；對膽小怕事的孩子可多用讚美，以增強其勇氣，樹立信心；對能力強的孩子要慎用。總之，要讓孩子知道不是每做一件事都要讚美，從小養成樸實謙虛的作風。

一般情況下，讚美可以分作兩部分，一部分是家長讚美的話，另一部分是孩子們的演繹。因此，家長的話必須能清晰地表達出我們是在讚賞孩子的努力、學習、成就、幫助、思考或創造等，同時要加以適當地處理，使孩子聽了我們的讚美之後，不可避免地會對自己的品格得到一個正確的結論。我們的話必須要像是一塊具有魔力的畫布，孩子在這塊畫布上畫自己的時候，只能畫出一個真實的自己。

不妨將孩子的優點放大

任何一個人，渴望被別人肯定的心理需要大大超過被別人否定的心理需要。這個規律大多數家長都懂，也都想多讚美孩子，但往往覺得找不到值得讚美的優點，這該怎麼辦呢？其實，方法很簡單，只要父母在日常生活中多留心，拿著放大鏡觀察，就總能發現孩子有進步的地方。

作為父母，要善於發現並放大孩子的優點，讓孩子在自信中成長。有時，孩子犯了錯誤，父母難免會責備孩子，但是責備的方法有很多種，如果方法不當，可能會對孩子的一生造成不良影響。而如果父母善於找到孩子錯誤中隱藏的優點，然後欣賞孩子，不僅可以讓孩子充分認識錯誤，而且還會繼續保持這個優點，從而養成良好的對待錯誤的習慣。所以，面對「壞」孩子，父母更需要竭力去找他們的閃光點，哪怕是沙裡淘金，哪怕是微不足道，都需要出自真心地去讚美、鼓勵和引導。

那麼，父母應怎樣發現並放大孩子的優點呢？

第一，用發展的眼光看待孩子。不要把孩子看「死」了。只要細心觀察孩子，就會發現孩子有進步的地方。可能對問題的認識提高，分析問題的能力增強，可能某方面科學文化知識的增加，可能一次作業進步或者一次考試進步，可能在勞動或公益活動方面表現較好，可能文藝、體育取得好成績，可能有什麼小發明、小製作等等。關鍵的是要拿孩子的今天比昨天、比前天，而不是跟別的孩子比，哪怕發現一點微小的進步，也應及時肯定。應該想到「星星之火可以燎原」，優點是一步步發展的。

第二，適當誇大孩子的進步。孩子即使沒有進步，父母也應該尋找機會進行鼓勵。如果孩子確實有了進步，父母就應該及時誇獎他們「進步很多」。這樣一般都可以調動孩子心

中的積極因素，促使孩子期望自己取得更大的進步，孩子就有可能取得「事半功倍」的奇效。

讚美孩子的每一點進步

每個孩子的成長都是一個漫長的過程，這個漫長的成長過程是由無數微小的進步累積而成的。沒有小進步的累積，就不會有成長，沒有小成功的累積，就不會有孩子今後的大成功。

然而，在現實生活中，很多家長因為對孩子的期望太高，導致他們無視孩子的小小進步，沒有給予及時的讚美與讚美。

小吟是鋼琴老師，這段時間，她正在教一批新學生練琴。在這批孩子中，有一個叫小坤的小男孩，他學鋼琴非常刻苦，雖然剛開始的時候入門比較慢，但後來慢慢地進入了狀況，彈得愈來愈好，她覺得這個孩子很有潛力。

可是，小吟卻在之後發現小坤已經兩個禮拜沒有來練琴了，她感到非常奇怪，於是她撥通了小坤家的電話，接電話的正是小坤。

「小坤，怎麼沒有來練琴呢？」

「媽媽不讓我去了。」小坤小聲地說。

「為什麼不讓你來了呢？家裡有什麼事嗎？」

「沒什麼事，因為媽媽認為我學不好，再學下去也是耽誤時間。」

「怎麼會呢，你學得很努力，進步也很快，媽媽為什麼會這麼說？」

「我每次練完琴回家，媽媽總讓我彈給她聽。每次彈完，她都說彈得不好，一點進步都沒有，就不讓我學了。」

掛上電話，小吟的心裡悲哀極了！

生活中，像小坤母親這樣的家長還有很多，他們往往會因為孩子沒有達到「最佳」或自己心目中理想的標準，就全盤抹殺了孩子的成果，這對孩子的成長而言，是一種巨大的傷害！也許在無意中，就因為家長過高的期望而葬送掉一個科學家或藝術家。

其實，每個孩子在學習或者生活中總會有一些讓家長不滿意的地方。如成績沒有別人好，做事沒有別人快，腦筋沒有別人聰明……但是，孩子一直都在進步，這才是最重要的。作為明智的家長，應珍視孩子的進步，讓他有點滴的成功體驗。這樣，才能讓孩子在每一個小小的成功中，一分一分地累積自信。

讚美孩子的每一點進步

舉一個例子。有一次期末考試的成績下來了，達達只考了第二十名，而他的同學考了第一名。回到家，他問媽媽：「我是不是比別人笨？我覺得我和同學一樣聽老師的話，一樣認真地做作業，可是，為什麼我考第二十名，而她考第一名？」

媽媽撫摸著達達的頭，溫柔地說：「你已經比以前進步多了，以後會愈來愈好的。」

第二學期的期末考試，達達考了第十五名，而他的同學還是第一名。達達還是想不通，又向媽媽問了同樣的問題。媽媽還是說：「你比上學期又進步了，以後會愈來愈好的！」

達達小學畢業了，雖然他還是沒有趕上他的同學，但他的成績一直在提高，已經進入前十名了。暑假裡，媽媽帶達達去看大海。母子倆坐在海灘上，看那些在海邊爭食的海鳥。他們發現，愈是體型比較小的鳥愈能迅速地起飛；而那些體型比較大的鳥，如海鷗，卻顯得非常笨拙，起飛很慢。這時，媽媽對達達說：「兒子，海鷗雖然起飛慢，但是真正能飛越大海、橫穿大洋的還是牠們。」

國中的時候，達達的成績已經名列前茅了。到了高中，他成了全校有名的資優生，最後以全校第一名的成績考入了臺灣大學。

這個故事頗耐人尋味。

發現並賞識孩子的進步，不僅影響到孩子學習和做事的效果，而且還會影響到孩子對學習和做事的態度。我們發現，孩子喜歡某一門課程，很多時候是因為放學回家後有人願意了解他們的學習情況，並肯定他們的進步。有的孩子說：「我喜歡音樂課，因為回家後可以唱歌給爸爸媽媽聽，他們最喜歡聽了。」也有的說：「我喜歡數學課，因為回家後算數經常得到媽媽的讚美。」如果我們對孩子的進步不聽、不看、不肯定、不讚美，孩子的學習態度肯定會受到打擊。

因此，隨時都要看到孩子的進步，尤其是在孩子表現不好或者成效不明顯的時候，不要打擊孩子的信心和積極性，而是應該善於發現孩子哪怕是一點點的進步，對孩子的表現給予寬容，對孩子的進步給予賞識，這將會讓孩子建立或者重新建立做好事情的勇氣和信心。

要發現孩子的進步，進而誇獎孩子，家長可以從以下幾個方面入手。

第一，**家長要有一雙善於發現的眼睛**。父母對孩子的及時讚譽是他爭取更好表現的最大動力。家長千萬別忘了對孩子取得的每一點進步與成績及時給予鼓勵和稱讚。而要及時對孩子的成果給予讚譽，家長必須有一雙善於發現的眼睛。如孩子把自己的玩具收拾好、孩子主動寫作業、孩子考試比前一次進步了一分等，這都是讚美孩子的良機。

第二，對孩子的每一點小進步都應該有所表示。當我們對孩子的每一點進步都有所表示的時候，可以看到非常顯著的效果，話語雖然很簡單，但是孩子卻可以心領神會，比方可以說：「孩子，我非常高興，你今天把脫下的鞋子擺得很整齊。」就這一句讚美之詞，會提醒孩子一連多日都記住把脫下的鞋擺放好。

第三，永遠不要打擊孩子的積極。當孩子做事的成效不明顯時，不要打擊孩子的積極性，要對他說：「你每天都在進步，別著急，會好起來的！」孩子受此鼓舞，做事一定會更加努力！

第四，你期望孩子怎麼做，你就怎麼說。比如，你期望孩子學會收拾自己的房間，就要先從他們會做的事做起。讓他們把床鋪好，把桌椅擺好。這樣一步一步地，不久他們就能掌握收拾房間的技巧。同時要告訴他們，大人看見了他們的每一點哪怕是微小的成績。「你今天把床鋪好了，把桌椅擺好了，你基本上已學會怎樣整理房間了。」我們就這樣鼓勵他們繼續下去，不忘讚美，孩子們就會一點點地取得進步。

賞識的同時更應該激勵

在生活中，有很多家長把賞識與激勵等同起來，以為賞識孩子就是促進孩子發展。事實上，激勵孩子遠遠不是一句「你真棒」那麼簡單。光有簡單的認同與主觀的欣賞，卻沒有催人向上的激勵與客觀的評價，對孩子來說，其作用還是相當有限的。

讓我們先來看這麼一個故事。

小芳的媽媽自從上了「家長班」，認識到「賞識」教育的種種好處以後，她就經常對小芳施行「賞識」教育。比如，有一次，小芳國文考了七十九分，如果是以前，小芳的媽媽早就不開心了。可因為孩子需要「被賞識」，所以，她忍住怒氣，微笑地對女兒說：「小芳真棒，要繼續努力喔！」

小芳一聽媽媽的話，忐忑的心一下子消失無蹤，她輕鬆地回答道：「好的，我會繼續努力的。」至於怎麼努力，小芳心裡其實沒有底。

後來，同學小鳳的媽媽也上了「家長班」，她認知到，光賞識卻沒有激勵的教育往往缺乏鼓動性。因此，在小鳳考試回來以後，母女倆有這麼一番對話：

小鳳：「媽媽，我今天國文考了九十二分，全班第七名。」

媽媽高興地摸了摸小鳳的腦袋：「小鳳真棒，這一次成績都十名以內了，真是出乎媽媽的想像，我覺得妳下一次如果願意爭取到全班五名以內，應該沒有什麼問題！」

小鳳聽了媽媽的話，很受激勵，她自信滿滿地對媽媽說：「媽媽，妳放心，我一定會努力的！」

以上兩位媽媽，其用心是一樣的，但她們對孩子的「賞識」方式卻迴然不同。前者對孩子只誇獎、不激勵；只看到孩子的成績，看不到孩子的不足，不對孩子存在的差距和不足做出提醒和激勵。這樣的做法只會讓孩子誤會家長的意圖，以為家長對自己的成績並沒有不滿，從而放棄了繼續努力和積極進取的想法。而後者不但讓孩子感受到成功的欣喜，更有了明確的努力方向，其結果也大相徑庭。

事實上，欣賞孩子，不僅表現在對孩子成績的肯定和誇獎上，更表現在對孩子熱情的鼓勵和適當的提醒上。對孩子成績的讚美可以讓他感到溫暖和欣慰，讓他感覺到自己的努力沒有白費，至少獲得了家長的認可；而對孩子的提醒和鼓勵則可以給他繼續努力的動力和信心，讓他感覺到自己還有差距，還有繼續進步的潛力。

所以，家長不僅要對孩子的成績進行肯定，更要在賞識的基礎上，提出建議和鼓勵，讓孩子在欣慰的同時，感覺到來自家長的殷切希望。正如某位教育家說的：「沒有激勵就沒有教育。」有激勵的教育才是真正的「賞識」教育。

及時誇獎孩子效果最佳

孩子取得了進步或是做出了不凡的表現，父母什麼時候誇獎最合適呢？

眾多父母的心得體會是，當即讚美、誇獎孩子效果是最佳的。

是的，當孩子確實值得誇獎時，父母不要吝惜，要及時作出反應，馬上就給予孩子積極的評價。要知道，誇獎是有時效性的，如果錯過了誇獎的最佳時機，誇獎的效果就會大打折扣，孩子的表現就不容易達到父母所期待的目標。

某位學者曾經做過這樣一個實驗。當學生期末考試之後，他分別在不同時間內對兩個班級考試成績差不多的兩組孩子做出評價。

在第一組孩子的實驗中，老師在考試成績出來的當天就讚美了他們：「成績真不錯，你們都是聰明的孩子，繼續努力吧。」

在第二組孩子的實驗中，老師一直等到下一個學期開始之後，才對他們說：「你們上學期考試成績不錯！」

一個學期以後，第一組孩子因為受到了校長及時的讚美和鼓勵，學習成績有了明顯的提高。他們一致認為是校長的讚美讓自己對學習充滿了信心，學習也更努力了；而第二組孩子的學習成績卻沒有明顯進步。雖然校長讚美了他們，但時間已經相隔太久，所以他們根本沒有察覺到這種讚美，所以他們的學習積極性也沒有太大的變化。

這個實驗證明，孩子是需要父母正確把握讚美的時機及時誇獎的。因此，當孩子達到了某個既定目標，父母一定要把握機會，及時由衷地讚美孩子，同時表現出你的喜悅心情，讓孩子感受到是他的良好行為表現使父母感到高興。這是簡單而又能產生顯著效果的一招，只要堅持去做，必有喜人的收穫。

孩子做了好事或有了進步，最好當時就給予誇獎和鼓勵，這樣孩子的榮譽感和成就感就會及時得到最大的滿足，從而把後面的事情做得更好。如果孩子取得了成就，父母無動於衷或反應遲緩，必然會給他的內心造成不良的影響。

以下舉個例子。

「媽媽，我跳高比賽得了第一名。」小文一進門就興高采烈地對媽媽說。

「你身體又不是特別好，做那麼激烈的運動幹嘛？」正在廚房裡忙碌的媽媽順口問道。

「今天我們班上體育課，老師讓同學們進行跳高比賽。我是跳得最高的，老師還誇我很有運動天賦呢！」小文跑到廚房門口得意地說著。

及時誇獎孩子效果最佳

「知道了。今天有作業嗎?快去做作業吧!我這裡忙得手忙腳亂的,你就不要搗亂了!」媽媽好像沒有聽到小文說的話,表現出一副無動於衷的樣子。

聽到媽媽這麼說,小文剛進門的高興情緒一下子就沒了,悶悶不樂地躲進了自己的房間。過了不多一會,媽媽做好了飯,她來到小文的房間。

「你是說你跳高得了第一名?」媽媽關切地問。

「喔,那沒什麼,不值一提。」小文垂頭喪氣地說:「媽,你先出去吧,我還有很多作業還沒有完成。」

再舉一個例子。

「爸爸,我今天跑步得了第一名。」小源進門就興高采烈地對爸爸說。

「哇,真了不起,真沒想到你這麼棒。」爸爸放下手中的工作,表現出很驚喜的樣子。

這時,小源更開心了,他甚至高興得手舞足蹈起來。

爸爸接著鼓勵道:「你在學習上也要努力,如果也能得第一,那就更厲害了!」

小源保證:「爸爸,我聽你的,我一定會努力的,我要讓你知道,我會做得更棒的。」

看,這是兩個截然不同的家長,小文的媽媽面對孩子的成果時,沒有及時表現出興趣,打擊了孩子的上進心;而小源的爸爸雖同樣忙碌,卻仍然及時地給予了孩子必要的誇獎,使他的上進心一下子高漲了起來。事實證明,只有及時賞識和讚美孩子,才能充分調動孩子的積極性,讓他們往更高的目標衝刺。如果是事後很長時間再給予讚美,那麼隨著時間的流逝,孩子已經不再有什麼期待了,而這時誇獎與不誇獎其實已沒有多大區別。

每個孩子都希望獲得父母的認同。他們透過自己的努力，在學習或者比賽中取得好成績，這是多麼值得父母賞識的事情。這時候，父母應該為孩子感到高興，應該及時給予熱情的賞識和讚美。讓他們感覺到父母正在為自己的出色表現而感到驕傲。

有時候，孩子需要的不僅僅是父母一句讚美的話，他們也需要得到父母的重視和關心。如果父母沒有對孩子的成績表示出及時的關注，會讓孩子感到失望，而這種失望很可能會使他們失去繼續努力的動力。

總之，及時讚賞孩子的優點，表現出對孩子真心的賞識和熱切的期望，能讓孩子感受到一種強大的精神力量，能讓孩子更加努力和自信，從而促進其智慧發展和身心健康，大大增強孩子對學習和生活的信心和勇氣。

不是人人都會說讚美的話

來自臺灣的小美到北歐的一個國家擔任訪問學者，週末到當地教授家中做客。一進屋問候之後，她看到了教授五歲的小女兒。這孩子滿頭金髮，極其美麗。小美贈送了這位女孩一份禮物，小女孩很有禮貌地微笑道謝。小美情不自禁地撫摸著小女孩的頭髮說：「妳長得這麼漂亮，真是可愛極了！」

可是，小美的讚美卻沒有得到教授的認可。等女兒離開之後，教授嚴肅地對她說：「妳傷害了我的女兒，妳必須向她道歉」。

小美非常吃驚。教授於是向她解釋：「妳是因為她漂亮而誇獎她的，而漂亮不是她的功勞，這取決於我和她父親的遺傳基因，與她個人沒有什麼關係。可是當妳誇獎了她。孩子很小，不會分辨，由此她就會認為這是她的本領。而且一旦認為天生的美麗是值得驕傲的資本，她就會看不起長相平平，甚至相貌不佳的孩子，這就進入了歧路。此外，妳還未經她的允許，就撫摸她的頭，這會使她以為一個陌生人可以隨意撫摸她的身體，而可以不經她的同意，這也是不良的示範。不過妳也不用沮喪，妳還有機會可以彌補。有一點是妳可以誇獎她的，這就是她的微笑和有禮貌。這是她自己努力的結果。」

「請妳為妳剛才對我女兒的誇獎道歉。」教授這樣結束了她的解釋。

這是一個在東西文化中，因「讚美」而產生衝突的例子。對於小美來講，或者說，對於大多數東方母親來講，看著孩子如天使般的面容，便忍不住要感謝上蒼的賜予，忍不住要將諸多美好的言辭加之於孩子本身。

經歷過這個小事件之後，小美正式向教授的小女兒道了歉，並讚美了她的禮貌。以後，每當她看到美麗的孩子，她都會對自己說：「孩子不是一件供人欣賞的陶瓷品，或是一片可以任意撫摸的羽毛。」

因此，對孩子的讚美不是沒有原則的。這一原則的核心祕密就是，讚美孩子的時候，應該只讚美他的努力和成就，不應該讚美他的容貌與聰明。而即使是努力和成就，讚美也要盡量具體。因為讚美得愈具體，孩子愈容易明白哪些是好的行為，愈容易找出努力的方向。而一些廣泛的讚美如「你真乖」「你真聰明」、「你總是想得周到」、「你是一個優秀的孩子」、「你真了不起」等，雖然暫時能起到提高孩子自信心的作用，但由於孩子不明白自己好在那裡，為什麼受到讚美，很容易養成虛榮驕傲的壞習慣。

要讚賞與鼓勵孩子，家長應該注意以下幾方面。

第一，**讚美的話要說得真誠**。父母讚美孩子時不必喋喋不休，也無需嚴肅正經，孩子需要得到的是誠摯與坦率的認可。比如，對於學習成績不算好的孩子，看到孩子成績單有了明顯進步時，可以說：「你有了很大進步，孩子。」在看完孩子寫給朋友的一封信後，可以說：「我認為你在人際方面處理得很好。」還可以對孩子說：「我覺得我已經不再需要提醒你完成你的作業，因為我覺得你已經長大了。」、「你對問題的分析確實十分透澈。」、「我發現你的作文中幾乎沒有什麼錯別字了，這真是一大進步。」

第二，**要使你讚賞和激勵的語言有變化，避免多餘的言詞**。家長要不斷地尋找孩子值得讚賞的行為。假如過去很少讚賞孩子，那麼對他的讚賞不要一時過多，而要自然增多，使你的孩子不感到奇怪。真誠的、衷心的讚賞，才是最有效的。當用愉快的表情和聲音讚賞孩子時，應注視著他。孩子由於做出了努力而獲得了成就，應及時地給予讚美。但不要對他們做的每一件小事，都給予過多讚美。避免在讚賞時加上消極的評語或習慣性的批評，致使讚賞作用受到影響。

第三，**讚美孩子的努力，而不是聰明**。家長若想激勵孩子在學習上取得更好的成績，最好的辦法不是讚美他們聰明，而是鼓勵他們刻苦學習。

佳佳在小的時候，學習總比別的孩子慢半拍，為此，她的爸爸媽媽非常苦惱。

有一次，佳佳上小學了，正當父母以為佳佳不會有什麼好成績的時候，佳佳卻帶回了一張一百分的試卷。這是一張數學測驗的試卷，上面被老師畫滿了紅色的勾勾。

「這是妳的考卷嗎？」爸爸吃驚地問佳佳。

「當然是我的，上面有我的名字啊！」佳佳自豪地對爸爸說。

「佳佳真不錯，告訴媽媽妳是怎麼考出這麼好的成績的？」媽媽問道。

「老師講課的時候我經常聽不太懂，所以下課之後同學們都出去玩，我就把不懂的問題拿去問老師，老師再對我講一遍，我就全懂了！做作業的時候如果有不會做的題目，我就把老師講的公式和定義再複習一遍，不會做的題目就會做了。所以考試的那些題目我都會做，就考了一百分。」佳佳高興地對媽媽說。

聽了佳佳的話，媽媽一把抱起佳佳，高興地讚美道：「佳佳這麼努力，以後肯定很有出息的！」

佳佳一聽這話，更加高興了。她在心裡暗暗下定決心，要更加努力地學習！

其實，賞識孩子的努力是一種重要的激勵孩子的手段，它之所以有效，一個重要的心理前提是每個孩子都希望討父母歡喜，每個孩子都信任父母的權威。

作為父母，應該賞識孩子的勤奮和努力，對他們的努力給予最熱情的支持和鼓勵。不要因為自己孩子的不聰明而氣餒，而應該為孩子的不努力而擔心。始終記住一句話：「所謂天才，是百分之一的聰明加百分之九十九的勤奮！」很多情況下，父母應該故意淡忘孩子的聰明，而重視孩子的努力，並把這種理念傳遞給孩子，讓他們感覺到只有努力才能獲得父母的認可和誇獎，進而逐步明白一個道理——聰明往往只能決定一時的成敗，而努力則決定了一生的命運。

當然，讚賞的範圍不要局限於孩子學習上的進步，還應包括孩子完成了適合自己年齡的任務。服從、合作與體諒同伴和兄弟姐妹、完成了自己所分擔的家事、減少不恰當的行為等。

試著去賞識你的孩子

父母賞識孩子的方式多種多樣，可以當著孩子的面直接讚美，也可以透過間接式的讚美。間接賞識分兩種情況，其一，父母不直接當面稱讚孩子，而是透過與第三者交談的方式，讓孩子在「無意」中發現父母的美言之詞。其二，父母充當橋樑，讓孩子知道別人是如何為他鼓掌的。

真誠坦白地直接讚美孩子，固然能取得效果，但如果用詞不當，就可能使讚美之詞淪為孩子傷心的緣由，為孩子留下「虛偽」的印象。比起直接讚美，採取間接的讚美方式往往更保險。但要做到從容自如，得心應手地、間接地讚美孩子，就要巧設場景。

舉個例子。有一天，小靜的爸爸邀請幾位朋友來家裡吃飯。

由於還有作業沒有完成，小靜匆匆吃完飯後就回房間了。

喝了幾瓶酒以後，爸爸和朋友開始談論起各自教育孩子的心得。

這時，小靜的爸爸非常興奮地說道：「我覺得我們家的小靜很好，我女兒既聰明又聽話，還特別會關心人。前幾天我工作累了，她還幫我捶肩膀呢！」

說這話的時候，小靜爸爸的幾個朋友都用羨慕的眼神看著他，其中有一個朋友說：「小靜真是個好孩子，我們真羨慕你！」

「其實你們的孩子也都很好，但你們只看見他們的毛病，忽略了孩子的優點。」小靜的爸爸對朋友們說。

小靜在自己的房間裡聽到了爸爸和朋友們的談話，心裡高興極了，她決心以後更加努力學習，不辜負爸爸對自己的讚賞！

試著去賞識你的孩子

小靜的爸爸十分聰明，他知道孩子就在房間，與朋友交談時讚美孩子，孩子一定能聽到。要讚美一個人，當面讚美固然能起到作用，但往往背後讚美的效果更明顯，被讚美者往往容易接受並激起做得更好的願望。

當然，父母對孩子的賞識更多的是一種主觀的評價，而別人對孩子的賞識卻大多來自實際的交往，孩子也就更在乎別人對自己的評價了。

再舉個例子。

小陳的阿姨是位事業有成的女性，小陳很崇拜阿姨。

有一次，從阿姨家做客回來，媽媽無意間提了一句：「今天你阿姨誇你有禮貌了。」

「真的嗎？」小陳表現出很興奮的神情。

「真的呀，她親口對我說的。」媽媽說。

從此之後，小陳變得愈來愈懂禮貌了。媽媽發現這一神奇的效果之後，每次從阿姨家做客回來之後，都會神祕地告訴小陳：「你知道嗎，你阿姨偷偷地對我說，小陳搶著做家事，是個懂事的大孩子了。」、「阿姨誇你學習努力，說你將來肯定能做出一番事業。」

從此，小陳每去小姨家做一次客，回來後不久都會有很大的進步。

每個人都希望獲得別人的讚賞，孩子也一樣，他們不僅僅希望獲得父母和家人的讚賞，更希望得到其他人的誇獎。當孩子獲知別人對自己的評價特別是積極的評價後，往往會產生更大的動力。哪怕當時他們並沒有所誇的那樣優秀，但他們也會朝著那個目標去努力。

是的，如果父母經常當著孩子的面讚美孩子的優點，孩子聽多了就會習以為常，這時，可以換另一種方式——透過與別人交談讓孩子知道父母在間接賞識他，這反而會取得意想不到的效果。另外，父母聽到別人對自己孩子的賞識是一件幸福的事情，但是不要忘記及時把別人的賞識傳達給孩子，讓孩子了解別人對他的評價，感覺到別人對他的讚賞，從而激勵他不斷努力和進步。

總之，在賞識教育中，父母不僅可以透過旁的人事物，來表達自己對孩子的讚嘆，同時，也可以借他人之口來讚美孩子，而這些，正是我們所說的間接賞識。有時，間接賞識會比直接賞識的效果更顯著。

第四章　多站在孩子的角度看問題

有些父母對孩子總像是主管對下屬那樣獨斷，只強調他們自己的觀點與尊嚴而不顧及孩子的想法，父母從來都是對的，而孩子從來都是錯的。這樣做，不僅得不到孩子的認同，還容易引起他們的叛逆情緒。

美國家庭治療師維琴尼亞・薩提爾（Virginia Satir）說：「當孩子確實有錯誤需要糾正時，充滿慈愛的父母通常會採取很坦誠的辦法，詢問原因，傾聽孩子的心聲，給予關愛和理解，同時體會孩子的感受。最後，利用恰當的時機，乖孩子自然地想傾聽時，才對他們講道理。」可見，如果父母能平等地對待孩子，和孩子坦誠溝通，站在孩子的角度看待問題，與孩子建立相互信任的關係，就不容易和孩子造成矛盾與隔閡，從而能夠更有效地糾正孩子的不聽話行為。

父母要理解孩子的感受

以下是一對母子之間的對話，讀完讓人唏嘘不已。

孩子：「媽媽，我累了。」

媽媽：「你才剛睡過午覺，怎麼會累？」

孩子：「我就是累了！」

媽媽：「你不累，就是有點疲倦，趕快換衣服吧！」

孩子：「不，我累了！」

當此對話假設為另一種場景。

孩子：「媽媽，這裡好熱。」

媽媽：「這裡冷，穿上毛衣。」

孩子：「不，我熱。」

媽媽：「我說過了，穿上毛衣！」

孩子：「不，我熱。」

可以想見，這本來是普通得不能再普通的對話，可最終卻演變成了一場又一場沒有止損點的「戰爭」。這到底是為什麼呢？如果我們仔細分析，就會發現，媽媽不理解孩子的感受是引爆「戰爭」的導火線。

父母的理解對於一個孩子的健康成長有著十分重要的意義，是使家庭教育步入正軌的重要前提。許多父母都有這樣的體會，孩子愈大，便愈難與他們溝通，甚至不知應該怎樣去交談。當家長抱怨孩子不理解自己時，試問，自己又何嘗理解孩子呢？

很多父母總是以長者自居，認為孩子小，不懂事，必須一切聽自己的指揮。因此，在和孩子交流的時候，往往不考慮孩子的感受、不體恤孩子的心情，以命令式口吻對待孩子。比如父母跟孩子反覆強調這件事要怎樣做，孩子似乎也聽得很認真，結果孩子還是沒明白父母的意圖，這下子父母馬上會認為孩子誤解了自己的意圖，或者沒有按照自己的意思去做，火氣一下子就上來了，對孩子就是一頓辱罵。其實，即便是同一句話，父母和孩子理解的方式和角度都不相同，這時，父母就要站在孩子的角度理解孩子，而不要一味地主觀臆斷。其實，孩子要做某件事或者不肯做某件事，都會有自己認為很充足的理由，儘管有時候他的理由在父母看來絲毫站不住腳，但父母都要給予充分的理解。如果父母武斷地批評孩子，孩子就會反感，慢慢地，孩子就不願意跟父母溝通了。

有時更是會有青春期遇上更年期的尷尬，一方面，家長的主觀權威性使得他們喜歡把自己的意願和理想強加在孩子的身上，對孩子期望值過高；另一方面，這一階段的孩子正處於從幼稚向成熟過渡的時期，容易有抵觸情緒，想要擺脫家長的控制。

心理學研究證實，孩子與父母早年形成的親子關係，是其今後與他人建立人際關係的基礎。如果孩子在幼年期不能與父母形成親密和諧的關係，那麼孩子長大後就很難與他人建立融洽的關係，人格發展的障礙和社會適應困難就難以避免。這樣的孩子在青少年期就可能表現出缺乏安全感、自卑、苛求自己和他人、對人缺少信任感、被動、退縮、依賴等人格特點，是抑鬱症、恐懼症和強迫症等心理障礙的高危人群。

每一位父母都是愛孩子的，但是為什麼孩子卻總是體會不到呢？究其原因，往往是因為父母

父母要理解孩子的感受

與孩子相處時採用了並不恰當的方式方法。父母必須讓孩子知道，無論在什麼情況下，父母都是愛他、支持他的。不管孩子說了什麼或是做了什麼，也許父母並不接納他的行為，但依然是關愛他的。有時只要簡單的一句話「很好」、「真是我的好孩子」或者「我也這樣想」等等，都能使孩子感受到父母對自己的理解。當孩子經常放學晚歸時，嘗試著將「放學後你應該立即回家」換成「放學後如果不趕快回家，媽媽會很擔心你」這樣的說法，也許會看到孩子不小的變化。

成功的父母往往是因為他們懂得理解孩子內心的真實需要，他們懂得如何尊重孩子，懂得傾聽孩子說話的重要意義。同時，父母對子女說話時應該有正向的目的，例如提供知識、解決疑難、分享情感，表達自己的意見等。對話時，一定要注意語氣與態度，盡可能經常微笑，以歡愉、平和的聲音，顯示出友善、冷靜的態度以達到溝通的效果。父母如果能表現出友善，不以強者的權威壓制孩子，往往會得到孩子相應的友善對待。

什麼是理解?理解就是無條件地接納別人的感受，理解不等於同意，理解也不等於同情，理解是設身處地地將心比心。

父母要經常了解孩子的內心需要，要經常傾聽孩子說話，而父母願意傾聽孩子的心聲、了解孩子的意見或問題，實際上就是對孩子的尊重。如果父母在孩子面前只顧自己的感情需要，而不顧及孩子的心理需要，孩子就會感到很孤獨。

某專家曾說過：「人的一生中，再也沒有像青少年時期那樣強烈地渴望被理解的時期了。沒有任何人會像青年那樣沉陷於孤獨之中，渴望被人接近與理解；沒有任何人會像青年那樣站在遙遠的地方呼喚。」如果說父母與孩子是站在不同的兩個地方遙遙相望的兩個人的話，那麼，理解就是一座橋，理解之橋，是溝通父母與孩子心靈的橋，是化解父母與孩子之間的許許多多隔閡、誤解、矛盾甚至仇恨的橋。有了這座橋，父母與孩子就會生活在崇德尚義、和睦美好的家庭裡。假如沒有理解之橋，那麼，家庭必將會出現許多遺憾和不幸。

與孩子進行換位思考

有一次，數學考試的試卷發下來，一臉喜悅的陽陽回到家裡，一踏進房門就興高采烈地對媽媽說：「昨天我們班數學考試，今天試卷就發下來了，妳猜我考了多少分？」

「猜不出來，你到底考了多少分？」媽媽問。

「八十二分，比上次單元考試的成績高出十分呢。」陽陽有幾分得意地說。

「喔，你知道鄰居家的婷婷考了多少分嗎？」媽媽又問。

「大概是九十分吧。」陽陽不太高興地回答。

母親似乎並沒有察覺到孩子臉色的變化，接著說道：「怎麼又比她考得差呢？你還得努力追趕人家才行啊！」

「妳憑什麼說我沒有努力？這次考試成績比上次提高了十分，老師都讚美我進步了，而妳總是不滿意，永遠不滿意！」陽陽生氣了，他提高嗓門對著媽媽大聲地嚷起來。

「你怎麼這樣不懂事，我這樣說也是為了你好。你看人家婷婷，每次都考得那麼好，哪像你時好時差，也不知道爭氣。」媽媽喋喋不休地說。

「我怎麼不爭氣？人家婷婷好，那就讓她做妳的女兒就好啦。」陽陽怒氣沖沖地走進自己的房

間，「砰」的一聲把門關上了。

「就知道分數、分數，妳關心過我嗎？妳知道我內心的感受嗎？我都煩死啦！」就這樣，母子間一場隔著門的爭吵又開始了。

類似這樣的事情在很多家庭都時有發生。孩子為什麼這樣不聽話呢？與孩子為什麼就這麼難以溝通呢？孩子怎麼就不能理解父母的心呢？像陽陽的母親一樣，很多父母不止一次地自問。這樣的家庭教育，問題到底出在哪裡呢？

就上例而言，孩子不領情，母子倆對話不歡而散，主要原因是雙方都站在自己的角度上考慮問題，缺乏換位思考。這樣就很難體會到對方的內心感受，導致雙方誤會。

家長要與孩子溝通，學會換位思考很重要，即站在孩子的角度考慮問題，站在孩子的角度去理解他的內心感受，站在孩子的角度去說好每一句話。

在生活中，很多家長自以為自己是成人、是家長，認為自己「走過的橋，比孩子走過的路都多」，因此，總用大人的眼光看問題，用自己成長中累積的生活經歷來評定孩子生活之中的是是非非，對於孩子的世界、孩子的感受不屑一顧，這就導致很多時候與孩子的交談不歡而散。

因此，家長在指責孩子不聽話的時候，是不是也應該考慮一下孩子們內心的想法？是不是應該經常換位思考：「如果我是孩子的話，我會怎麼做？」只有換位思考，設身處地地為孩子著想，才能避免和減少對話雙方的戒備和猜疑，弱化和消除對話過程中的不愉快情緒。家長學會換位思考，能更好地了解孩子和教育孩子，從而使對話朝著家長期望的方向發展。

一位父親和兒子為一件小事發生了爭執，誰也無法說服誰。父親靈機一動，不再和孩子爭執了，而是對他微微一笑說：「孩子，你能和爸爸爭執，說明你長大了。你能有自己的獨立思考方式，爸爸感到很高興。你這樣做肯定有你的理由，該怎麼做你自己決定吧！」父親這樣一說，兒子反而不好意思了，說：「爸爸講的也有道理，您的意見我會認真考慮的。」

你看，這就是換位思考的魅力。只有做到換位思考，讓孩子將心比心，孩子的心靈才會向你敞開，教育才能得心應手。

要做到換位思考，其實很簡單，放下大人的架子，站在孩子的角度上，理解和尊重孩子的想法，耐心地和孩子溝通交談。我們就會驚訝地發現，孩子的內心世界和成人的一樣精彩。而換位思考所帶來的，不僅僅是家長與孩子之間的理解、和諧，還能在潛移默化中讓孩子也養成換位思考的好習慣，這有利於提高孩子的情商。

當然，家庭教育沒有現成的模式，因為每個孩子都有其獨特性。對於家長而言，在家庭教育方面始終面臨著新的問題和考驗，單靠簡單學習教育理論和生搬硬套其他家長的經驗是不能解決問題的。必須活學活用，因材施教，探索出一套適合自己孩子的行之有效的辦法。

為何不讓孩子多多表達

在有些家長眼裡，孩子終究是孩子，是永遠也長不大的「小不點」，孩子沒有發言權，只能聽話。顯然，家長的這種意識是錯誤的，孩子儘管還小，但畢竟是獨立的個體了，有著自己的想法與行為方式，如果家長只是一味地卡住孩子的喉嚨，消失的不僅僅是孩子的聲音，還有親密的親子關係。

小月為女兒玲玲制訂了一套學習計畫，女兒也同意了，按時休息、學習。為此，小月終於鬆了口氣。直到有一天，小月下班後提前回到家，發現玲玲又在房間裡玩玩具，而且還沒有完成功課。

「玲玲！」小月大喊一聲，死死地盯住女兒。

女兒急忙把玩具藏了起來，試圖做出一個笑臉，然後故作鎮靜地說：「我做了一個小時的功課，剛剛才坐下來休息一會兒。」

「玲玲，妳真讓我傷心，妳怎麼會這樣對待媽媽？妳懂不懂這樣做會對妳有什麼樣的影響？妳不必解釋了，聽我的。」看見女兒似乎要辯解，小月制止了她：「我不想聽妳的任何解釋，妳讓我失望極了，妳知不知道我這樣做全是為了妳？」

「那妳不要管我好了。」玲玲突然冷不防回頂了一句。

「什麼？」媽媽的眼睛瞪了起來，聲調猛地升高。

此時，玲玲的眼睛裡開始出現恐懼的神情，而小月則繼續嘮叨：「不管妳？管教妳是我的責任，我當然要管。妳去好好想一想，還有……」她忽然想起玲玲這個週末要和幾個好朋友到同學家過夜：「還有這個週末不能去琳琳家過夜了。」

「為什麼？」玲玲大叫，憤怒和絕望像洪水一樣襲來，扭曲了她的五官：「我要去，我就要去，妳是一個壞媽媽！」

看著女兒生氣的表情，小月也有些不安了。她知道女兒多麼盼望著能與朋友一起過夜，但她的憤怒和自尊都阻止了她收回這道「命令」。

「是妳自己毀了這次機會的。」

「為什麼？這與玩有什麼關係呢？我就要去，妳能怎麼樣！」女兒暴跳如雷。

「妳馬上停止，不然我要發火了！」

「妳已經發火了！我就這樣，怎麼樣？」

突然，「啪」一聲，小月一巴掌甩在女兒的臉上。

「哇！」女兒哭著衝進自己房中，「碰」一聲將門關上。

隨著這一下巴掌，小月氣消了，卻感到十分內疚，有一種被擊敗的感覺。

一直在旁注視的傭人說：「這幾天玲玲沒有貪玩，今天的確是先做了一些作業，才央求我讓她玩一會兒的，我覺得她很看重妳的規定，妳應該給予她表達的權利才是。」

現實生活中，像小月這樣的母親並不少見，這實在是很不明智的做法。真正理解孩子的家長，總是在孩子開口發言時，能將他當成一個大人看待，認真地聆聽他全部的講話。假若孩子的觀點對了，那就讚美他，假若孩子的話錯了，那就和顏悅色地幫他分析錯的原因。

愛孩子就應解放孩子、尊重孩子，而給予孩子表達的機會、讓孩子說出自己的心聲便是家長尊重孩子的一種方法。實際上，這也是一種發言權效應——任何一個人，不管是成人還是孩子，如果他所在的群體給予他發言的機會，他自己便會產生被重視、被關注的心理，繼而，他將會表現得更加出色。

與孩子多講理好處多

孩子一旦犯了錯誤或是遇到不明真相的事情，父母為了減少煩惱，往往會採取訓斥或搪塞的方法應付。事實表明，孩子遇到問題時，父母與其溝通、講道理，由此產生的效果比其他任何方式都要好得多。

父母千萬別小看孩子，以為他們還小，不明白是非，講道理也是白講，只要讓他們按著自己的要求做就行了。的確，強硬或許一時能達到效果，但下一次，或許再下一次，孩子還是會叛逆你。所以父母更應注重說服的這個過程，目的也許一次達不到，但過一段時間，孩子就會被潛移默化，自然而然達到父母想要的效果。

當然了，在實際狀況中，父母可以採取多種形式跟孩子講道理。比如就眼前發生的事情進行說理，比如由某一句話聯想到更多的事理，比如就生活中的小細節開導、啟發……而孩子都有純真的天性，如果用講童話故事的形式對孩子進行品格的塑造，也許還會收到意想不到的效果，一篇童話故事的作用，遠遠勝過長篇大論的道理。童話故事是鮮活的、靈活的，童話故事中的事物都是有生命、有感情、活靈活現的，這些故事貼近孩子的生活，角色的行為貼近孩子的感受，孩子很容易認同這些角色。同時，因為他們是童話裡的主人公，孩子也會在心理上跟他們拉開一定的距離，用更加客觀的眼光看待事物。用童話故事來講道理，孩子不會覺得父母是在直接評判他，從而更容易接受。

跟孩子說理不僅需要有耐心，還應結合孩子的心理特徵，選擇恰當的方法和技巧。

第一，要充分肯定孩子的長處。古人云：「數子十過，不如獎子一長。」跟孩子講道理，應充分肯定孩子的長處，對孩子的進步給予及時的讚美和鼓勵，在此基礎上再對孩子的過錯予以糾正，這樣孩子就容易接受大人的意見。如果一味地數落孩子，責怪孩子這也不是那也不對，只會讓孩子產生自卑心理和叛逆心理。

第二，所講的道理要「合理」。跟孩子講的道理應合情合理，不能胡說八道，也不能苛求孩子。如果家長亂說，孩子是不會服氣的；大人的要求過分苛刻，孩子是辦不到的。

第三，要給予孩子辯論的機會。跟孩子說理時，孩子可能會對自己的言行進行辯解，家長應給予孩子辯論的機會。應該明白，辯論並非強詞奪理，而是讓孩子把事情講清楚、講明白，給予孩子辯論的機會，孩子才會更加理解你所講的道理，使教育收到良好的效果。

第四，要了解孩子的情緒狀況。孩子和家長一樣，情緒好時比較容易接受不同的意見，不高興時則容易偏激，因而跟孩子講理，要充分了解孩子的情緒狀況，在其情緒較好時，對其進行教育，若在孩子情緒低落時跟他說理，是不會奏效的。

跟孩子說理最重要的原則是，家長要以身作則，首先做一個講道理、明是非的人。如果父母在所有事情上都認為自己是對的，那麼對孩子的教育就不會有任何效果，相反，父母的這種強權意識必定會影響到孩子，孩子也就會出現愈來愈不講道理的傾向——

舉個例子。在學校，所有認識小林的同學都說他是個霸道的人，在與同學玩耍過程中，他要求同伴什麼都必須聽他的，稍有不順，他就會生氣甚至打罵別人。

新學期開學時，班導到小林家裡訪問，剛進門，就聽到小林的父親在訓斥孩子，語氣十分強硬，還經常冒出「必須」、「一定」、「絕對不行」等刺耳的詞，而小林也一點不服軟，竟與父親大吵起來，絲毫沒有示弱的意思。這讓班導十分震驚，他終於明白了，小林霸道的性格與其父親家管的方式有著直接的關係，正是父親的強硬、對孩子使用「鐵血」政策，孩子在有意無意間受到了「薰陶」，從而「複製」了一個父親。

跟孩子講道理，孩子就會成為一個明事理的人。

別把自己的意願強加給孩子

「小孩子懂什麼，聽大人的沒錯。」父母沒有不希望自己的孩子能成龍成鳳的，因此有的父母從孩子牙牙學語時就為孩子設計了一幅理想的藍圖，甚至孩子以後要上哪所大學，專攻哪個專業領域都考慮到了。父母為了實現這一目的，不顧孩子的愛好和理想，強迫孩子按他們設計的軌道發展，如果孩子有一點點沒有符合自己的意願，就對孩子的所有努力和成績全盤否定，甚至打罵孩子。確實，隨著現代社會競爭愈來愈激烈，父母這種望子成龍、追求上進的良好願望，本來無可厚非，但是為了孩子能有一個好的前途，而帶給孩子過大的壓力，結果讓孩子不堪重負的話，將對孩子自立自主能力的形成很不利。

舉個例子。有一個男孩喜歡舞蹈，業餘時間參加舞蹈班。可他的父母堅決反對。他們不經孩子同意，在校外幫孩子報名英語班、數學班，不辭辛苦地每天接送。孩子對補習班不感興趣，為逃避上課經常撒謊，放學不回家，結果一個學期結束什麼也沒學會。

很多父母一輩子沒有特別的成就，便把所有的希望寄託在孩子身上，希望孩子實現父母無法完成的夢想。於是，常可以看到有些孩子被迫變成「十項全能選手」，彈鋼琴、學跳舞、踢足球、唱歌、滑冰、參加智力競賽、出書、當班幹部，凡是好的東西樣樣不缺，孩子看起來像個超人，心裡卻對父母的嚴厲壓迫充滿怨恨。

很多父母對孩子的愛好視而不見、聽而不聞，更談不上尊重，使孩子的愛好、特長得不到發展。如果父母真正關心孩子的未來，就不要把自己的願望強加給孩子，對孩子的愛好，只要不是原則問題，就不要干涉過多，順其自然，並注意觀察，發現其天賦，然後因勢利導，促其發展，絕不可主觀地為孩子設計好一切，強迫孩子去做，這樣會壓抑孩子的興趣，使孩子產生叛逆心理。父母要尊重孩子的意見，如校外興趣班上或不上，要徵求孩子的意見，只要孩子說得有理，就要採納。

父母對孩子過分的要求，如果遇到天資聰穎的孩子，在表面上的確可以培養出各方面都出類拔萃的天才，但會不會有後遺症呢？一種明顯的後遺症就是強迫型人格，對任何事情都追求完美，力爭第一。一旦遇到挫折，因為從小就飽受父母的高壓恐嚇，孩子很可能會一夕崩潰，轉眼間變成一個頹廢落魄的憂鬱症患者。

其實，希望孩子成為全才並沒有錯，錯的是父母逼迫的態度。

父母要正視自己的孩子，相信自己的孩子，不要因為一時的疏忽傷了孩子的自尊心。成功的路千萬條，不要把自己的意願強加給孩子，以免增加孩子的負擔。為此，父母應這樣做。

第一，給孩子一個想成為自己的空間。父母要給孩子足夠的成長空間，讓他們有自己的理想和願望，有自己的思想和獨立思考的權利。不要讓孩子成為別人怎麼想、孩子就怎麼做的盲從產物，更不要讓孩子成為代替父母實現未盡理想的工具。父母可以根據孩子的具體情況和興趣，向孩子提出建議，引導孩子找到自己努力的方向。

第二，尊重孩子的獨立性。隨著孩子一天天長大，他們會逐漸形成獨立的意識，所以父母

要尊重孩子的獨立性，讓孩子充分地發展，而不是被父母限制在為他們設計好的道路上。不然的話，孩子也會像自己的父母一樣，在補償父母遺憾的同時，留下自己的遺憾。

第三，精心培養孩子的「理想」。當然，對孩子的理想，父母採取不理不睬或者揠苗助長的做法都是錯誤的，如果父母們用這樣的態度來對待孩子的理想之苗，那麼，也許孩子永遠也不可能樹立穩固理想。正確的做法是鼓勵孩子樹立理想，並為理想而努力。父母對孩子的理想之苗，要一點點地培養扶持，要細心地澆灌滋潤。

請與孩子商量問題

英國哲學家赫伯特・史賓賽（Herbert Spencer）說過：「對孩子要減少下達命令，命令只有在其他方式不適用或失敗時才用。要像一個善良的立法者一樣，不會因為去壓迫人而高興，而因為用不著壓迫而高興。」

商量的魅力在於，使自己更容易深入了解對方內心的真實想法。兩代人的溝通，最重要的是相互理解、相互尊重。而實現相互理解、相互尊重的方法就是學會商量。

人與人之間的相互商量非常重要。商量能夠讓人感覺到受尊重。根據馬斯洛的需要層次理論，受尊重的需要是人類較高層次的需要。一旦這種需要無法獲得滿足，人就會產生沮喪、失落等負面情緒。

孩子也是如此，他們也有受尊重的需要。如果家長喜歡與孩子商量，孩子就會非常樂意與家長交流，反之，孩子則會產生叛逆心理，封閉自我。

請與孩子商量問題

舉個例子。從前有兩個孩子，一個叫小軍，一個叫小潮，他們的父母都失業了，兩個家庭都陷入了經濟困境。面對相似的境況，兩個孩子的表現卻截然不同。

小潮依舊沒有改變穿名牌服裝的習慣，最近又迷上了網路，並且到了「廢寢忘食」的地步，更別說按時上課。

「小潮是全家的希望，只要他讀書好，將來有出息就行，沒想到他連課都不上。」小潮的父親感到非常失望：「但我們還是覺得孩子應該擁有這個時代給予他們的快樂，再苦再累也不能讓孩子覺得委屈，不能讓他來承受家長因失業而帶來的酸楚。所以，我們從不在孩子面前傾訴失業後的失落，更不會抱怨賺錢太辛苦和受到太多的委屈，照常滿足他的吃穿要求和他想要的零用錢，沒想到這孩子把我們對他的期望拋到了九霄雲外。」

而小軍卻大不相同，雖然有時上學也遲到，可是學習成績卻在不斷進步。

原來，小軍的家長失業後又重新創業，白天黑夜顧不了家，所以思前想後，小軍的家長還是將實情告訴了孩子，與孩子商量應該怎麼辦：「有句話不是說『窮人的孩子早當家』嗎？我們生活困難，孩子是家庭成員，有義務做貢獻，幫助家庭早日脫離困境。」

小軍的父親是一個性情爽朗的人，提起兒子就笑呵呵的：「與孩子商量後，孩子也很樂意，主動提出照顧好奶奶和搞好自己的學習。我們有時回家累了，他還會為我們捶捶背，按摩按摩。我們不僅讚美鼓勵他，還教他做力所能及的事，我們遇到什麼困難也會與他商量，請他幫助想辦法。我們常對孩子說的就是『我們都是家庭中的一員，要相親相愛，盡職盡責』，兒子做到了，他關心每個家人，把奶奶也照顧得挺好，這可解決了我們家的大問題了。而且聽說他現在學習也沒耽誤，真是讓我們高興，也太難為孩子了。」

「孩子，這是個嚴重的問題，我們商量一下。」作為家長，在尊重孩子這方面，你是否做到了呢？

一個家庭，除了家長，還有孩子。可是，很多家長做家庭決策時往往把孩子排斥在外，尤其是決定一些重要的事情時。他們總是認為孩子太小，什麼也不懂。沒錯，生活中純粹的大人之間的事可以暫時不讓孩子知道，可是還有很多事是完全應該讓孩子參與討論的，尤其是大人做出關於孩子的某項決定時。不要以為孩子是你的，你就可以隨便對他做出決定。他年齡雖小，總歸是一個獨立的個體，他有權知道關於自己的事情。事實上，只要是家庭的成員，都有權參與家庭事件的討論與決策。這樣可以營造一種良好的家庭氛圍。哪怕是嬰幼兒，你們討論某件事的時候，也可以讓他待在一邊，就算是個形式也非常重要。對於已經具有一定獨立之思想系統的孩子，就更不可忽視在家中的地位了。

尊重孩子的家長，也會受到孩子的尊重。時常被家長邀請一起商量某件事情的孩子，到了要由他做一項決定的時候，也會主動去跟家長商量，而不是一意孤行。家長要時刻記得，孩子也是家庭重要的一分子，許多事情，要和孩子商量著辦。學會與孩子商量，是兩代人溝通的好方法。人和人之間，如果互相不溝通、不交流，是無法相互了解的。

當然了，商量不是簡單的遷就，而是家長與孩子對話、溝通、相互了解，形成雙方可接受的意見或辦法；商量，不是家長發號施令，而是真正地把孩子當做一個人，更當做一個孩子來對待。

第一，以協商的口吻處理親子衝突。當親子關係出現衝突時，父母總是不願意自己的權威受到挑戰，希望以父母的權威來壓制孩子，使孩子改變主意。實際上，採取這樣的做法，孩子不僅不會聽從父母的意見，反而會產生叛逆心理，惡化親子關係；明智的父母在這種情況下要學會使用協商的口吻，讓孩子體會到父母的尊重，體會到人格的平等，這樣，孩子在接受父母的意見時就比較順利。衝突產生時，每個人都非常注重自己的尊嚴，不希望被他人壓制，孩子也是如此。只有父母放下架子，把孩子當成平等的人來看待，與孩子進行協商來處理問題，孩子才會願意接受父母的建議，共同解決問題。

第二，孩子的事情一定要與孩子商量。隨著孩子的不斷成長，孩子的事情一定要放手讓孩子自己去選擇，父母不可替孩子包辦，即使父母有自己的想法，也要透過協商的方式，把自己的意見傳達給孩子，讓孩子權衡利弊後再作出選擇。每一個孩子都會出現與父母意見不一致的情況，孩子們都希望父母能夠尊重自己的意見，畢竟，許多事情都需要孩子付出努力才能實現。如果父母忽視了孩子的主觀能動性，一味地用父母的威嚴來壓制孩子，孩子即使同意了，內心也無法產生動力，在這種情況下，孩子已經感覺到這樣被壓制簡直就是受罪，怎麼還可能與父母和睦相處呢？因此，父母一定要把孩子的事情交給孩子自己處理，父母的意見只能透過建議或者協商的方式傳達給孩子，說明孩子全面地認識問題。

第三，和孩子約法三章。對於孩子的問題，尤其是孩子的不良行為，父母一定要與孩子協商後制訂規則，並約法三章，使孩子遵守。不過，父母千萬不可自作主張制訂規則讓孩子遵守，這樣的規則對孩子來說沒有什麼約束力。與孩子約法三章，僅僅是因為孩子缺乏自制力，規則是說明孩子約束自己的，而不是懲罰孩子的，父母們一定要認識到這個問題。因此，規則一定要孩子內心認可的，父母一定要與孩子協商後再制訂規則，避免產生親子衝突。

讓孩子說出自己的想法

有一則寓言曾這樣描述。

有一頭驢子要吃草。此時，在驢子的左邊和右邊，各放著一堆青草。豈料，毛驢在這兩堆青草之間猶豫，先吃這一堆，還是先吃那一堆？這個問題讓毛驢一直思來想去，猶豫不決，最終餓死了。

看完這則寓言後，你或許會嘲笑毛驢的愚蠢與猶豫不決。然而，在我們的現實生活中，我們的孩子常常上演這樣的故事。

亮亮八歲了，無論在學校裡還是鄰里間，大家都誇他是個乖巧、聽話的好孩子。在家裡，大人讓他做什麼，他就做什麼，讓他怎麼做，他就怎麼做，表現得十分聽話；和小朋友一起玩時，亮亮也順從別人的領導，很少有自己的想法。最近，亮亮媽媽從老師那裡了解到亮亮有個缺點。當老師教了一種解題的方法後，他就不再嘗試其他的方法，這讓亮亮媽媽非常擔心。

還有一個孩子叫海林，今年上小學四年級了，可做事總是猶豫不決。讓他去超市買零食，他會挑來挑去，拿不定主意。如果沒人催促，可能要挑十幾分鐘。有一次去逛衣服店幫他買衣服，海林東挑西揀，一直猶豫要買藍色還是紫色，如此優柔寡斷令人頭痛不已。

這兩個孩子都有一個共同的特性，那就是遇到事情拿不定主意、猶豫不決、不果斷，更有甚者，喜歡人云亦云，表現在人際交往中，一味無原則地迎合和遷就別人。這樣的孩子往往得不到他人的尊重，常常成為受人欺負的對象，長此以往，對孩子的成長與心理健康是不利的。

那麼，孩子這種遇事拿不定主意、猶豫不決的性格是怎麼形成的呢？事實上，每一種不良性格的形成都有其土壤。對於孩子來說，他們之所以形成優柔寡斷的性格，與家長的教育是分不開的。

歸納起來，造成孩子猶豫不決的原因有以下幾點：

第一，成人過於保護，孩子依賴性強。一位心理學家去一所學校調查小學生的自主性狀況，在被調查的一百五十名學生中，當被問到在學習和生活中遇到難題，一時解決不了該怎麼辦時，一百五十名學生幾乎異口同聲地回答：「有困難當然是找父母解決。」當被問到今後準備從事什麼職業時，竟有百分之七十的學生說要等回家問過父母後才能回答。家長、教師本來就是孩子心目中的權威，再加上有些家長習慣於替孩子設想一切，所以容易造成孩子唯命是從，不敢做甚至不敢想違背家長或教師意願的事情。

第二，認識上的障礙。現實生活中，很多家長對孩子限制頗多，總是告訴孩子這個不能做，那個不能為，這讓許多孩子造成認識上的障礙，心理學認為，對問題的本質缺乏清晰的認識是一個人遇事拿不定主意並產生心理衝突的原因。這是因為孩子涉世未深，對一些事物缺乏必要的知識和經驗的緣故。

第三，缺乏溝通，讓孩子產生猶豫不決的心理。有些家長因為工作忙，和孩子之間缺乏溝通，不理解孩子，往往造成孩子的畏懼心理，不敢說、不敢做想做的事情。

第四，缺乏訓練，導致孩子遇事拿不定主意。這種人從小在備受溺愛的家庭中，過著「衣來伸手，飯來張口」的現成生活，父母是他們的拐杖。這種人一旦獨自走上社會，遇事就比較容易出現優柔寡斷現象。

第五，家長管得太緊。幾歲到十幾歲的孩子往往都以自我為中心，家長如果不能體察他們的內心世界，不注意尊重他們的自主要求，一味按照自己的想法為他們規定學習和生活的

模式，孩子的依賴性就會愈來愈強。這樣的孩子長大後，很可能會成為一個優柔寡斷、遇事毫無主見的人。

現實生活中，那些富有影響力的人，通常是那些既能為人著想，又有自己主見的人。沒有主見、做事猶豫不決是一種性格上的缺陷，對孩子的成長不利。

首先，那些沒有主見的孩子，在心理上是自卑的。即會對自己的知識、能力、才華等做出過低的評價，進而否定自我。自卑的人在交往中，雖有良好的願望，但是總是怕別人的輕視和拒絕，因而對自己沒有信心，很想得到別人的肯定，又常常很敏感地把別人的不快歸因於自己的反應不當。所以總一味責備自己，討好別人。

其次，沒有主見的孩子因為對自己沒有信心，所以對某些事情難以下決定！總喜歡瞻前顧後，猶豫不決，容易受他人影響。

再次，沒有主見的孩子遇事優柔寡斷，拿不定主意，是意志薄弱的表現。他們在做一件事情之前往往反復動搖，要經過反復比較，結果錯過了成功的時機，最後一無所獲。沒有主見的孩子的口頭禪是「我再想想」、「我先問問我父母」、「我不知道對不對」等等。也因為如此，很多人不喜歡與沒有主見的人交往。

總之，一個人遇事反反復複，猶豫不決，總拿不定主意的現象，是意志薄弱的表現，它直接影響著一個人選擇能力的強弱，而選擇能力的強弱又對人的成功與否起著至關重要的作用。可以說，人是在各種各樣的選擇中邁出人生的每一步的。其中，有些選擇會直接影響自己或他人一生的命運。而優柔寡斷、猶豫不決，正是選擇的大敵。

讓孩子說出自己的想法

孩子將來總有一天會獨立面對紛繁複雜的社會，身邊再沒有大人的意見可參考，而自己又拿不定主意，那可是要誤事吃虧的。因此做父母的要儘早教會孩子有自己的主見，教會孩子學會對自己負責，鍛鍊他們「決定」的能力。

解決這個問題最關鍵的一點，就是給孩子「無條件的關注和愛」，建立孩子的自信心。孩子之所以時時處處要詢問父母，就是希望自己表現得更好，想要討父母的歡心，想做得更「正確」，想盡力做個好孩子。卻不料自己做「好孩子」的努力，反倒讓父母生氣了，這就會讓孩子左右為難。只有讓孩子感到自己無論做得好還是不好，父母都是愛他的，即便做了錯事，父母也不會怪罪他，他才敢去嘗試自己的方式。有了成功的經驗，孩子自然會愈來愈有主見。

一個不懂得拒絕別人的孩子，在別人眼裡永遠都是唯唯諾諾、沒有想法的。所以在日常生活中，父母要鼓勵孩子說出自己的想法，勇於對別人不合理的要求說「不」。

當然，值得注意的是，培養孩子有主見不是讓孩子不聽勸告、一意孤行，而是希望孩子在面臨選擇時，保持清醒的頭腦，不人云亦云，有自己的思考和判斷，這樣，可以有效避免或減少成長過程中那些不必要的損失。

第五章　孩子喜歡與家長「交」朋友

孩子小的時候，由於思想比較簡單，對父母的依賴性較強，許多事情都要對父母訴說。隨著孩子長大，他們開始學會自己觀察、思考，對一些問題有了自己的看法，有時覺得有些事情沒有必要跟父母說，這樣父母就會對孩子缺乏了解，這時相互間的溝通就顯得十分必要。一般來說，父母對孩子總是處在長輩或指導的地位，這實際是呵護，所以最初這種不平等是必需的，而對於長大了的孩子，他們有自己的思想與看法，這種不平等就會造成父母與孩子溝通上的障礙。

如何解決這種障礙呢？父母只有與孩子平等相處，孩子才有可能向父母袒露心扉。誠然，父母埋怨孩子有事不與自己講，恰恰忘記了這些毛病正是自己製造的不平等甚至是常常訓斥孩子所帶來的。當一個孩子能與父母建立平等的友誼關係後，他才肯於聽父母的話，從而變得愈來愈乖。

親子間的友誼很可貴

在孩子面前，父母除了扮演好長輩的角色外，還應努力扮演好朋友的角色。父母與孩子一旦成為無話不談的好朋友，交談、溝通起來就會容易得多，這對促進孩子的健康成長起到至關重要的作用。心理學家認為：追求他人的信任是一種積極的心態，是每個正常人的普遍心理，也是一個人奮發進取、積極向上、實現自我價值的內驅力。信任的心理機制對孩子良好心理素質的形成，具有積極的鼓勵作用。

現在的孩子大多是獨生子女，他們的缺憾之一，是在家庭中沒有同齡夥伴，只能與父母在生活中頻繁交流。加之父母對孩子外出玩耍的限制，這就在客觀上使獨生子女父母增加了同齡夥伴的角色。孩子渴望父母像兄弟姐妹、像朋友一樣與他們交談，渴望得到理解和尊重。無論是從本身的義務上，還是從教育的意義上說，父母對孩子的關心，與孩子進行感情上的溝通都是必需的。可是，我們太多的父母往往忽略了這一點，無論說什麼，都擺出一副高高在上、發號施令的樣子，從不聽孩子的意見，不知道孩子心裡想的是什麼，更不知道孩子需要什麼。

一位父親說：「如果你不花一些時間與你的孩子共同度過，那麼再怎麼強調要與孩子交流都是白搭。當你與孩子共同分享在一起的快樂時間時，是你與孩子交流的最好機會。」一位母親說：「與孩子在一起是很重要的，我們常在一起散步，一起洗碗，這樣我們就能有很長的時間交談。這是交談的好時間。即使你很忙，你也一定能夠擠出這些時間，因為那也是很容易交談的一種場合。試想有人要你坐下來，然後說『讓我們談談』，這是多麼的生硬啊。」

有一位家長在一場講座中說到自己的經歷。

親子間的友誼很可貴

「很多年前，當我的孩子還在國中二三年級讀書的時候，我曾非常激動地準備『怎樣才是好父母和好老師』的講稿。但我開始發現，我沒有獲得和我的孩子以前相處時類似的效果。最後，我決定休息一天，和我的孩子到海灘。我們玩球、堆沙堡，做一切在海灘上能做的事。一天下來，我已筋疲力盡，孩子也累了，但是非常快樂。在回家的路上，他突然說：『我們玩得不是很好嗎？從現在起，妳要求我做任何一件事，我都準備去做。』。」

看，這就是這位家長與孩子一起「遊戲」的結果。與孩子相伴、做孩子的朋友對孩子來說很重要。在父母與孩子共同的活動中，兩代人可以形成平等交談、相互溝通的習慣，障礙自會排除，隔膜自能打破，最容易建立友好親密的感情。

父母如果不和孩子很好交流，不相互溝通，就很難發現孩子的內在潛力。要想使孩子成材，就應該了解他們、關心他們、愛護他們，做孩子最知心的朋友。這樣孩子才會有出息，才能成為社會上真正有用的人。

父母要想成為孩子的朋友，就要把自己和孩子置於平等的位置，敞開心扉，交流互動。要學會傾聽，鼓勵孩子和你交心，無論對錯都要接受、包容。同時要給予孩子私人的空間，不要凡事都問個透澈，允許他有小祕密。這樣孩子才會找到被尊重、理解的感覺，這樣還會拉近父母和孩子心靈的距離。當父母真正把孩子當做朋友去相處，你會發現，平等交流，這是培養孩子的基礎，只有你的話他聽進去了，才能達到家庭教育的目標。

實際上，父母走近孩子、成為孩子朋友的方式有很多。

第一，和孩子打成一片，甚至和他一起「胡說八道」。不要擺架子做個「高高在上」的長輩。

第二，對孩子說心裡話。不要把話悶在肚子裡，做一個好的傾訴者。

第三，讓孩子知道他對你多重要。告訴他你多麼愛他，慷慨地把你的時間分享給他，但是在物質上不要「有求必應」。

第四，如果你要做孩子的朋友，那只有你學習他的語言，而不是要求他學習你的語言。如果你不學習新知識，不接觸新的思想觀念，知識匱乏，思想陳舊，你就不能理解現在孩子的所思所想。父母應該盡量多接觸點流行的東西，比如流行的思想、流行的服飾、流行的技術、流行的音樂，以減少代溝，創造彼此信任溝通的管道。

第五，對孩子寬嚴並濟。要做孩子的朋友，既要對孩子嚴格要求，善於從日常生活中發現問題，隨時給孩子引導和指引；又要把孩子作為平等的夥伴，與孩子一起學習一起玩，尊重孩子的一切；還要給孩子確實到位的幫助，讓孩子心裡踏實，有安全感，健康長大。

事實上，幾乎所有父母感覺與孩子相處愉快和諧是因為他們肯花時間與孩子在一起做遊戲、畫畫、做運動、聽音樂、做家務、製作手工、旅遊、聊天、探討問題，等等，透過與孩子的親密接觸，方可了解孩子在不同年齡段的心理需求，而自己也能被孩子所接納。

總之，父母應該與孩子們建立起相互信任、相互平等、相互尊重的朋友關係。因為孩子們不僅需要在生活上能撫養自己的父母，也需要年齡大、閱歷廣，願意傾聽，能夠給予自己忠告和幫助的「忘年交」。

如果父母還沒有和孩子建立起平等尊重的朋友關係，雙方不妨現在就坐到一起，開誠布公、推心置腹地進行溝通和交流，把彼此的想法告訴對方，這樣才會更好地消除隔閡，化解代溝。其實家長慢慢地就能體會到，與孩子做朋友是一件非常有趣也非常快樂的事情。

在家庭裡展現民主

可以認為，民主和諧的家庭氣氛是現代文明家庭的標誌。然而，當下的很多孩子在描述自己的家庭時，都流露出了厭惡：「家，那簡直就是一座牢獄，我甚至不想在那裡多待一秒。」

誠然，在很多家庭裡，孩子的事都是父母說了算，孩子的意見不被父母尊重，從小就失去了自主權，很多孩子有被父母壓制的感覺，這使得孩子稍大以後，就開始反抗父母的管制，向父母索要尊重、索要民主。

在一些孩子的眼中，父母很霸道，看看他們是怎麼描述父母的。經常怒髮衝冠，聽不進孩子的意見，不理解孩子的喜好，老是說人家的孩子好、看不到自己孩子的優點，不尊重孩子的選擇……

還有孩子這樣形容父母——父母就像流氓、父母就像警察，專門在自己做了「壞」事後出現；父母是法官，孩子總成為了家中的「被告」……

在一次家長會上，一個上國中的男孩說：「家長除了關愛我以外，是世界上最不把我看成獨立存在個體的人，家長永遠只憑自己的直覺和自己的需要對我的行為做出判斷，因為他們永遠只是把自己的孩子當成他們擁有的一部分。」

是呀，被占有式的愛包圍著，孩子永遠找不到自我，在家庭中也永遠找不到公平和民主。這個男孩子說出了很多孩子的心聲，孩子需要被尊重，需要民主的家庭氛圍，需要自己獨立的空間。沒有誰想一站在家長面前就成了接受審判的對象，孩子們渴望獲得在家庭中的發言權，渴望和家長平等對話。

瑩瑩從學會說話的那天起，就喜歡問「為什麼？」瑩瑩不停地問，爸爸媽媽不停地答，不停地學習，與瑩瑩一起探究世間的奧妙。這種民主自由的家庭氣氛，給了瑩瑩一片思想探索的自在天地。瑩瑩上學後，也喜歡問老師問題。總之，無論在哪裡，她都願意表露其「真我」的一面。

一次，瑩瑩從學校回來，進門就對正在看報紙的爸爸滔滔不絕地說出自己的成績。原來她在會考前的模擬考中發揮得很好，數學還取得了全年級第一名的好成績。爸爸拍了拍瑩瑩的肩膀說：「好樣的，不愧是老爸的女兒。」

瑩瑩非常激動，接著又說了班上的情況，還說了其他同學的成績。看著女兒興奮的樣子，爸爸實在不願意打斷她，心想讓她高興也好，畢竟入學以來她第一次取得這麼好的成績。於是配合女兒激動的講述，分享女兒快樂的心情。

第二天，爸爸才提醒女兒不要太得意，因為馬上就要會考了。

瑩瑩的爸爸不愧是個開明的家長，他在對待孩子的教育問題上，總是「放開手」，從而營造建了民主和諧的家庭氣氛，對瑩瑩的健康成長真是大有益處。

我們在追求社會民主的同時，不能忽視家庭民主的重要性，更不能忽視家庭民主在家庭教育中的作用，一個家庭的民主氣氛表現在尊重孩子的個性發展，尊重孩子的發言權、參與權，不把孩子當作私人財產，而是把孩子當做一個有獨立人格的個體來尊重。對孩子要事事用商量的口氣，並且讓他們擁有自主的權利，父母的任務只是給予指導，而不是替孩子作決定。在民主平等的家庭氛圍中，父母和孩子之間才能相互信任、相互理解、相互尊重。要知道，千百萬個民主家庭才能彙聚成一個民主平等的社會。

父母要創建民主和諧的家庭氣氛，應從以下幾方面做起。

第一，不要濫用家長權威。父母不要老是禁止孩子做事，不能要求孩子無條件服從，重要的是鼓勵孩子去做有益的活動。

第二，父母要信任自己的孩子。父母不要胡亂猜測，武斷地下結論。如果孩子的同伴告訴你，你的孩子打了人，或是拿了別人的東西，不要急著辱罵孩子，而要耐心聽孩子講出事情的前因後果。否則，孩子會因為受委屈，慢慢地和父母疏遠，變得不信任別人，不願說真話。如果孩子真的做了錯事，那就不要放過第一次，要好好進行教育。

第三，父母要尊重孩子的人格。父母切莫粗暴地傷害孩子的自尊心。有時孩子在同伴面前說說大話，不要一概斥為撒謊、不誠實。由於孩子年齡小，容易把幻想當現實，父母要幫助孩子分清是非。有時孩子想要修理壞了的玩具，結果沒成功，父母不能採用取笑的態度「你不是有本事嗎？瞧你多笨！」更不能在生人面前讓孩子下不了臺。傷害孩子自尊心，久而久之，孩子就會變成一個不求上進、自暴自棄的人。

第四，明確告訴孩子擁有的權利和義務。孩子作為一個獨立的個體，作為家庭一員，應該擁有自己的權利，同時，也必須承擔一定的義務。因此，父母就應明確地告訴他，他擁有哪些權利和必須承擔的義務。

第五，父母要多和孩子接觸。父母儘管很忙，但也要抽出一定的時間和孩子坐在一起，相互交流一天的見聞。也可和孩子一起畫畫、講故事、做遊戲等。這樣家庭氣氛會頓時愉快起來。

第六，不要在孩子面前互相攻擊。當然，並不完全禁止父母在孩子面前吵架，有時候父母的爭吵也會讓孩子體會到感情的複雜性，學習面對父母真實的情感，有利於孩子情感的細膩、全面發展。但堅決反對父母爭吵中的相互攻擊，那些充滿攻擊性的言辭不但無益於夫妻間矛盾的解決，還會給孩子帶來恐懼、不安、懷疑。

放下身段和孩子對話

英國哲學家赫伯特．史賓賽（Herbert Spencer）曾說過：「對孩子訓話，意味著你要求他絕對服從，讓他像你一樣思考問題。和孩子以「友誼式」的方式交談，意味著大家一起尋找方法解決問題，重新衡量自己的觀點，搞清楚究竟誰的更符合實際。」家長總是希望自己的管教能起到立竿見影的效果，可以讓孩子下次不再犯同樣的錯誤，可孩子偏偏就是屢教不改，是孩子太頑固了還是家長自身的教育方式出問題了？

冠英十三歲了，喜歡穿設計破洞的牛仔褲和顏色鮮豔的上衣。冠英的媽媽總也想不明白，好好的孩子，新的衣服不穿，卻要穿成這樣。

這天，媽媽又看見女兒穿著時下流行的「破褲」。

媽媽生氣地對女兒說：「小時候哪有人穿破掉的褲子，好好的褲子不穿，硬要穿破掉的幹嘛？」

聽聞母親的質問，冠英充耳不聞。

媽媽氣極了，她忍不住問冠英：「妳為什麼要穿這種牛仔褲？」

沒想到，女兒竟然理直氣壯地說：「現在就流行穿破掉的牛仔褲。」媽媽聽到這番話百思不得其解。

故事中的媽媽居高臨下，帶給孩子一種被壓制的感覺。有一位精神學家曾經說過：「教育孩子最重要的，是要把孩子當成與自己人格平等的人，給予他們無限的關愛。」無數事實也表明，家長以居高臨下的姿態來關心孩子，反而會使孩子產生叛逆心理。只有家長轉變姿態，像對待朋友那樣去關愛子女，才有可能讓孩子感受到平等。

如果要讓孩子理解家長的良苦用心，需要家長與孩子在心靈上的平等交流；家長要設身處地為孩子著想，考慮孩子的感受，就需要蹲下來和孩子說話。如果家長們蹲下來，蹲到和孩子一般高時再開口說話，孩子從和自己平等的視線交流中看到家長眼中透露出來的愛意、真誠和平等，就會認真地聽家長說話，而不會由於不平等而讓他在與家長說話時心不在焉。

「蹲下來」不只是指在生理的高度上盡量和孩子保持相同的高度，更重要的是指在心理上的高度要平等，是以平等的態度和眼光，用認真而親切的態度，把孩子看成一個需要尊重的獨立的人。因為只有在心理上家長不再居高臨下，與孩子完全處於平等時，孩子才會把他的真實想法告訴你。這就是孩子為什麼喜歡把心裡話對自己的朋友說，卻不願與家長說的原因。

所以，家長與孩子說話時不妨蹲下身子，設身處地地為孩子著想，以一種孩子能夠理解、接受的方式平等地交流、溝通，這樣，不僅可以使家長更全面地了解孩子，而且還可以有效地促進孩子身心健康的發展。

與孩子平等地交流

心理學研究表明，家長與孩子平等交流，不僅是愛的展現，而且能夠幫助孩子樹立信心、明辨是非、豐富想像力和創造力，而家長的「獨裁」對孩子人格的影響則是災難性的。在我們的周圍，許多家長覺得辛辛苦苦賺錢，孩子就應該聽自己的，必須服從自己。其實，這種觀念是錯誤的，家長應把孩子看成是與自己平等的人。

某位學家曾在指出，美國勞動階層的子女在進入大學就讀後，許多人無法適應大學的生活，日

後的事業也不甚成功，這樣的學生大多來自中產階級的家庭。對此，美國的科學家進行了大量的調查研究，得出了結論，勞動階層的家教偏向於權威式，更多地使用體罰和命令；中產以上階層的家教則講究說理、在具體環境中善於運用抽象的原則來指導具體的行為。

由此，我們可以知道，家長不平等地對待孩子會為孩子的成長造成多麼惡劣的影響。

這裡有兩個小故事。

多多的媽媽脾氣不好，每次媽媽帶多多出去買衣服，多多剛提出自己的意見，媽媽就叫多多閉嘴，說小孩子懂什麼。後來多多變得不愛說話，經常拒絕穿媽媽給她買的衣服，在學校裡也不愛回答老師的問題，更不喜歡和小朋友一起玩。

而叮噹是個很調皮的孩子，總有問不完的問題，爸爸媽媽總是很耐心地回答他。每次買衣服，媽媽總喜歡和他商量，問他喜歡什麼顏色、什麼款式。在這種民主環境下成長的叮噹很有主見，喜歡思考，總能提出與眾不同、具有創新的問題。

看，在打罵、命令、說教中長大的孩子都很自閉，什麼事情都不願意跟爸爸媽媽說；在討論交流下、民主環境中長大的孩子，面對什麼問題都不慌不忙、沉著應對，而且能夠說出有理有據的答案，讓人信服。

但現在，又有哪個家長能夠如此認真、專注地聽一個孩子說一段話呢？又有哪個家長能與孩子處在一個如此平等的位置上交談呢？家長都在說「現在的孩子很難教育」「現在的孩子不和家長交流」等。其實，不是孩子不想和家長交流、溝通，而是因為沒有人願意去聽他們內心的話，是因為他們往往是被動接受家長高高在上的教育。

家長可以透過以下方式，拉近與孩子的距離。

第一，處理同一事情或情況的方法盡量保持始終如一。家長對待孩子態度的一致性，是孩子對家長信任的基礎。孩子們都有這樣的天性：當他們能夠預料到家長的意圖以及家長會做出什麼樣的反應時，就會覺得比較安全；只有他們覺得與家長在一起比較安全，才會信任家長，也才會把家長當成自己的知心朋友。

第二，用真誠的態度與孩子交往。家長在與孩子交往的過程中，應該意識到自己在思考什麼、感受什麼、要做什麼以及如何做才能讓孩子真正接受自己。在這一過程中，家長必須是真誠的、懇切的，不能有絲毫虛假，這就要求家長必須在孩子面前敞開心扉，告訴孩子自己的真實思想和感受。比如，當工作沒有做好時，當我們受到上司和同事的誤解時，可以告訴孩子我們很傷心；當孩子的某些行為讓我們生氣時，可以明白無誤地向他表達自己的真實感受。

第三，勇於向孩子承認錯誤。家長在教育孩子的過程中，難免會出現一些錯誤。當錯誤發生時，如果我們能夠用疏導、講理的方式去解決，真誠地向孩子承認自己的錯誤，請求他們的諒解，孩子往往會欣然接受我們的歉意，也會恢復對我們的信任。相反，切忌犯錯後有意掩蓋或隱藏，讓孩子形成「家長不會有錯誤」或者「家長犯錯後從來不承認」的不良印象。其實，只要做到這一點，我們就會驚喜地發現，在我們承認自己的錯誤時，不僅沒有受到孩子的輕視，還得到了孩子的信任和友情，並在無形中激發了他們尋求答案的強烈願望。

第四，家長要學會當一個好聽眾。很多青少年認為自己已經長大了，有一定的主見，不願意被動地聽別人訓導。所以家長應表現出對孩子的意見、建議很感興趣，成為孩子傾訴的對象。要重視孩子說的話，特別是一些孩子不願公開的事，家長應看成是孩子給自己的禮物。這樣，孩子必定感到，遇到了自己信得過又尊重理解自己的人，於是，就會敞開心扉，無所不談。

信任是溝通的基礎

信任是人與人之間的一種道德關係。朋友之間、同事之間貴在信任。在家庭裡，家長與孩子之間，也同樣需要信任。信任是親子溝通的基石。

心理學家認為，追求信任，這是一種積極的心態，是每個正常人的普遍心理，也是一個人奮發進取、積極向上、實現自我價值的內驅力。信任的心理機制對孩子良好心理素養的形成，具有積極的鼓勵作用。

家庭教育是在家長和孩子的共同生活中，透過雙方的語言交流和情感交流來進行的。家長與孩子的相互信任是成功家教的重要因素。一些教育專家在家庭調查中發現，孩子對家長有特殊的信任，他們往往把家長看成是自己學習上的蒙師，德行上的榜樣，生活上的重心，感情上的摯友。他們也特別希望能得到家長的信任，像朋友一樣和家長平等地交流。他們認為，只有家長的信任，才是真實、可靠的。家長的信任意味著壓力、重視和鼓勵，這是真正觸動他們心靈的動力。從教育效果看。信任是一種富有鼓舞作用的教育方式。

信任是溝通的基礎

在家庭教育中，家長的信任可使孩子感到他們與家長處於平等的地位，從而對家長更加尊重、敬愛，更加親近、服從，心裡話樂於向家長傾吐。這既增進了家長對孩子內心世界的了解，又使家長教育孩子更能有的放矢，獲得更好的效果。

其實，對一個孩子的信任，就像相信一粒種子一樣，只要給予水分，一定會長成一棵大樹，一定會開出花朵，結出果子。要知道，「信任」是一種生命狀態，是大自然。我們只要相信孩子是一顆種子，相信孩子一定會按照一定的自然機制去發展，就不會把自己的焦慮傳導給孩子，就會讓孩子去發展。如果不相信孩子會長成一個成人，這樣的家長就會用能想到的所有的方法去扭曲孩子，最終破壞他們的自然發展，使他們受到身心的傷害，為他們一生帶來痛苦。

是啊，若家長對孩子持不信任或不夠信任的態度，就無法了解孩子的願望和要求，孩子的自尊心和自信心必然會因此而受到傷害，他們對家長的信賴也勢必減弱。這樣，家庭教育的效果也會相應減弱。

家長對孩子充分信任，當孩子的朋友，能夠激發孩子內心的動力，讓孩子體會到被尊重和認可的快樂。他們會在家長充滿信任和友誼的目光與言語中，自己從摔倒的地方爬起來，一步——個腳印地走向成功，實現他們心中的理想。

當然了，家長不能只是在嘴巴上對孩子表現出信任，還要表現在行動上，尤其是那些學習成績不理想的孩子的家長要特別注意這個問題。因為任何孩子都希望自己是最棒的，有些孩子成績上不去，屢遭挫折，心裡很壓抑，心情十分煩躁，他們多麼希望家長說幾句鼓勵的話，以減輕心理負擔。如果家長不理解孩子此時的心情，偏要在孩子身邊一遍遍咀嚼此事，即使家長的用意是好的，但招來的卻是孩子對家長的反感，而且因此傷害孩子的自尊心，導致孩子自卑、怯懦、缺乏進取的勇氣，甚至厭學。相反，如果家長對孩子有足夠的信任，即便孩子遇到了困難，他們也能夠充滿自信，積極發揮主觀能動性，有效地進行自我調整，把困難轉化為促進自己努力進取的動力。這不僅有利於激發孩子的學習興趣，保持良好的學習情緒和心理環境，從而提高孩子的學習效率和學習成績，同時也鍛鍊了孩子的自主性、創造性以及對自己和他人負責的能力。

向孩子敞開心扉

很多孩子不輕易向外人敞開自己的心扉，特別是那些性格內向的孩子，哪怕是最親近的人，他們也不願意與之對話。但是，如果家長主動向孩子敞開自己的心扉，孩子就會受到感染，繼而袒露自己的心事。

教育專家指出，只有當家長向孩子敞開心扉，才能得到孩子的認同，從而促進親子關係的發展。但臺灣的家長一般很少向孩子透露自己的內心世界，卻希望孩子向自己袒露一切。這種不平等往往成為親子溝通的一道屏障。

事實上，家長向孩子敞開心扉，表現了對孩子的尊重和信賴。世上沒有完美無缺的人。在孩子面前，以一種輕鬆的方式接受自己的不完美、承認自己的錯誤，不僅讓孩子覺得與你更親近，從而加深親子之間的感情，而且能把一種坦然、放鬆的處世態度傳達給孩子。

當孩子問家長「你為什麼不高興啊？是不是工作上有了麻煩」的時候，家長就應該認真地考慮一下，是否應該與孩子談一談、談多少、怎麼談。如果搪塞地說「沒什麼，很好」，或「不關你的事，去玩你的吧！」那就等於是將孩子對家長的關心推開。那麼，孩子從家長那裡所得到的資訊就是「家長如何不關我的事」，那就等於家長自己關閉了與孩子溝通的管道。

有句名言說得好：「一份快樂與人分享，就會變成兩份快樂；一份痛苦兩人分擔，痛苦就只有原來的一半。」家長要學會與孩子一起分享喜怒哀樂，在分享的過程中，家長與孩子的關係才會愈來愈親密，心與心才會貼得更緊。

每個人都有與別人分享情感的需要，家長要特別關注孩子的心理需求，無論多忙，都應抽空與孩子交流，向孩子敞開心扉，與孩子一起笑、一起悲，成為孩子的知己，這是家長教育孩子的最高境界。其實，家庭教育的過程就是家長與孩子互相融合的過程，向孩子敞開心扉，意味著家長更多的是展示而不是灌輸，是引領而不是強制，是平等的給予而不是居高臨下的施捨。

舉個例子。有位家長是物流司機，因工時長的關係，他對自己的孩子深感內疚，他感嘆儘管給予了孩子豐足的物質生活與優渥的家庭環境，卻很少與孩子交流、向孩子敞開自己的心扉。比起這位家長，很多家長「幸運」得多，他們有足夠的時間在家裡陪伴孩子，可是，他們卻不懂得體驗孩子的心理感受，他們對孩子總是非打即罵，更不會向孩子敞開心扉。如果因為忙碌而忽略了與孩子分享情感的需要，也就等於剝奪了孩子健康成長的養料，阻礙了孩子全面發展的進程，還會為孩子造成性格和心理的缺陷，這樣的家長不管有什麼樣的理由，都是不稱職的。

那麼，作為家長，如何向孩子敞開自己的心扉呢？

第一，讓孩子了解你的工作狀況。家長應該明確地告訴孩子，現在做什麼工作，工作細節有什麼，它對整個社會、國家甚至人類有什麼意義等等。現在許多家長的確都很忙碌，但

花點時間陪陪孩子，和孩子說說自己的工作細節，談談工作的酸甜苦辣，聊聊成功的幸福體驗，對孩子是十分重要的。很多家長埋怨現在的孩子不知道節約、自私、亂花錢等，但是如果孩子不知道家長是如何靠辛勤工作為家裡賺錢的話，那麼他們就不會把金錢與工作之間的關係緊密地聯繫起來。孩子們到了上小學的年齡，家長就應該把自己如何靠努力工作來謀生、如何創造屬於自己的事業的道理講給孩子聽了。

第二，告訴孩子你的隱私或祕密。很多家長都認為孩子太小，很多事情不能告訴他們，尤其是自己的隱私或祕密，讓孩子知道了，會是一件很丟臉的事情。其實不然，如果孩子知道自己是跟你共用隱私或祕密的人，他就會更加信任你，你也就能更加容易走進孩子的心靈深處。

第三，讓孩子明白你對他的期望。家長對孩子的期望不能過高，過高了會對孩子造成壓力和傷害。應該根據孩子的實際情況出發，對孩子確立合理的期待。但是，這種合理的期待，最好也能夠讓孩子明白，讓孩子明白家長對他的期待並不過分，讓他明白家長對他的具體期待是什麼。家長如果能夠做到這些，那麼孩子一定也會從家長的期待中汲取前進的力量，一定會努力成為一個不讓家長失望的好孩子。

總之，家長與孩子溝通一定要講求「藝術」，只有敞開自己的心扉，才能引起孩子感情上的共鳴，從而與孩子建立起一種相互信任的關係，使親子關係融洽。

當然了，在具體的操作過程中，家長還應當把握如下三點：

第一，創造合適的機會。「孩子，讓我們來談談！」如果你的談話是這樣開始的，結果往往是說話的只有你一個人。然而，在你和孩子一起打完籃球，開車回家的路上，或週末一起洗衣服時，往往是孩子滔滔不絕、喋喋不休的時候。要想多了解孩子的生活，就要多創造這些對孩子沒有壓力，和你一起活動的機會。

第二，提出問題要適當。太多的問題，最後會讓孩子懷疑你的真實目的，間接的做法往往會收到更好的效果。比如，一位媽媽詢問心理醫生，她的丈夫死後，孩子很傷心，她總想安慰兒子，很想讓孩子說出自己的想法，然而，每每提起此事，孩子總是閉口不提，對誰也不談論此事。在心理醫生的建議下，媽媽不再問孩子的感受，而是有時提起自己對丈夫的思念，和孩子一起回憶和丈夫在一起時一家人的快樂時光。這時，兒子反倒一下子釋然了，分擔媽媽的痛苦，開口談談心事，而自己也不再那麼鬱悶了。

第三，控制自己的反應。向孩子敞開心扉的過程中，可能會有很多令你不高興或失望的事情，你必須很好地控制你的情緒。比如，儘管你告訴孩子當年你如何地努力讀書，但孩子卻並沒有對你當年的努力表示讚賞，你可能很失望，但無論如何，你也不能讓這種情緒表現出來。孩子都不喜歡讓家長失望，如果你表現得過分失望，就會給孩子的心靈造成不良影響。

家長們，向孩子敞開你的心扉吧！

第六章　傾聽比語言更具教育效果

父母在與孩子交往過程中，傾聽與傾訴哪個環節更重要呢？有人說，只有傾訴才能更好地溝通、交流，其實不然，比傾訴更讓人傾心的是傾聽。

「認真傾聽別人的傾訴展現了一個人謙遜的教養，展現了一個人高尚的素質。而任意打斷別人的談吐則表現出對別人的不尊重，也暴露出自己素養的低下。」其實，眾多的歷史故事告訴我們，傾聽有很多好處。秦王認真傾聽了商鞅的變法主張，秦國很快成為七國之首的富強國家，為統一全國奠定了基礎；劉備三顧茅廬，認真地傾聽青年才俊諸葛亮的三分天下論，眼前頓時撥雲見日，確立了清晰的奮鬥目標，終成一方霸業……同樣，父母在與孩子對話時，也應該學會傾聽。這樣，孩子才不會對父母設下防線。

傾聽也是一種和孩子對話的方式

古代有一個國王，想考驗他的大臣，就讓人打造了三個一模一樣的小金人，讓大臣指出哪個最有價值。最後，一位老臣用一根稻草試出了三個小金人的價值，他把稻草依序插入三個小金人的耳朵，第一個小金人的稻草從另一邊的耳朵出來，第二個小金人的稻草從嘴裡出來，只有第三個小金人，稻草放進耳朵後，什麼動靜都沒有，於是老臣認定第三個小金人最有價值。

同樣的三個小金人卻存在著不同的價值，第三個小金人之所以被認為最有價值，是因為其善於傾聽。其實，人也同樣，最有價值的人，不一定是最能說會道的人。善於傾聽，消化在心，這才是一個有價值的人應具有的最基本的素質。可是，在現如今的一些家庭中，有些家長並沒有認識到傾聽對教育孩子的重要性。

每逢冬天來臨，父母都會幫孩子穿得暖暖的，以抵禦寒風暴雪的襲擊。可是，身為父母，在為孩子的身體保暖的時候，可曾想到孩子的內心世界——是否一樣溫暖如春？

其實，每個父母對孩子的愛都是毋庸置疑的，為了孩子的健康成長，為了孩子將來比自己生活得更好，家長們小心翼翼地呵護著孩子，為孩子的學習、生活操碎了心。在家長們看來，孩子最大的任務就是學習了，因此，他們往往關心孩子的吃穿住行，關心孩子的學習成績，唯獨忽略了孩子同樣也要承受壓力與挫折，同樣也會有苦痛與悲傷……

因為父母從來沒有考慮過孩子的內心需求，把孩子的情緒變化看做是「無理取鬧」，看做是孩子的「不懂事」而加以訓斥，很多孩子只好把自己的傷心、困惑、不安與憤怒深深地埋在心中，不敢對他人傾訴。長此以往，對孩子良好性格的培養、對孩子人生觀的培養、對孩子的健康成長都是

傾聽也是一種和孩子對話的方式

有害無益的。其實，孩子有情緒的波動是正常的，他們也需要發洩情緒，需要理解、需要安慰，更需要交流。而傾訴是孩子內心獲得平和的一種發洩方式，傾聽孩子的傾訴則是父母了解孩子的最好途徑。

傾聽是一項技巧，是一種修養，更是一門學問。懂得傾聽，有時比會說更重要。有句諺語：「用十秒鐘的時間講，用十分鐘的時間聽。」善於傾聽，是說話成功的一個要訣。據美國俄亥俄州立大學一些學者的研究，成年人在一天當中，有百分之七的時間用於交流思想，而在這百分之七的時間裡，有百分之三用於「說」，高達百分之四十五的時間用於「聽」。這說明，「聽」在人們的交往中居於非常重要的地位。

舉一個一個十六歲孩子寫的作文當例子。

「爸爸媽媽離婚的時候，我沒有流一滴眼淚。我什麼也沒想，什麼也想不出來，我突然覺得一切都變得茫然起來，從此就沒有家了，我的生活就此沒有了秩序，沒有了未來，我不知道自己以後的生活會變成什麼樣子。

雖然我是爸爸媽媽的女兒，但我也只是婚姻的局外人。人家都說旁觀者清，當局者迷，我想我就是那個清醒的旁觀者吧。

我始終覺得，作為單親家庭的孩子，我比那些正常家庭的孩子矮一截。我時常覺得很孤單，覺得整個世界只有我一個人，沒有人會過問我的感受，沒有人會在乎我的眼淚，媽媽已經受了很大的刺激，其實我有好多話想跟媽媽說，可是我不能說，我怕說錯話，更怕再次傷害了媽媽。

多想與人分享我的悄悄話呀！可憐的我竟沒有找到這樣一個人……」

這個孩子之所以苦悶，更多的是因為沒有人願意聆聽她的心裡話。

在人與人的交往中，傾訴是表達自己，傾聽是了解別人，達到心靈共鳴。在人與人的溝通中，除了傾訴，我們還應該學會傾聽。當孩子高興的時候，家長要學會傾聽，傾聽快樂的理由，分享快樂的心情；當孩子悲傷的時候，家長要學會傾聽，傾聽痛苦的緣由，失意的原因，理解孩子內心的苦處，表示出憐憫、同情之心，淡化悲傷，化解痛苦；當孩子處於矛盾中時，家長要學會傾聽，了解矛盾的癥結，幫助分析，為其分憂解難……傾聽是一種與人為善、心平氣和、虛懷若谷的姿態。有了這種姿態，就會多聽一些意見，少出幾句怨言。

戴爾・卡內基（Dale Carnegie）曾經說過：「當對方尚未言盡時，你說什麼都無濟於事。」這句話告訴我們，無論是想和他人進行良好的溝通，還是想有力地說服他人，首先我們要學會積極地傾聽別人的話語。積極的傾聽，是促進理解的橋樑，是人際交流的一門藝術，展現了一個人的品德。

然而，不善於傾聽卻是很多父母的常見病，因此，學習傾聽就成為父母的必修課。在父母與孩子的溝通中，有幾種常見的錯誤方式。

第一，父母不用耳朵只用嘴，把孩子的頭腦當做無底洞，每天喋喋不休，塞進去無數的訓誡，不管他們是否能消化、吸收。

第二，父母在對待孩子時，要求孩子只用耳朵不用嘴，只准他們用耳朵聽，不理會或不准他們表達自己的意見。

第三，有些父母會說：「我不是不聽他們的話，可愈聽愈生氣。」顯然，此類父母犯了這樣一種錯誤，用不正確的態度傾聽。

那麼，父母如何傾聽孩子說話呢？

傾聽也是一種和孩子對話的方式

第一，父母應該做好傾聽前的準備。當孩子要對父母訴說什麼時，父母都要停下來，全神貫注地聽孩子說話，同時應該給予孩子無條件的積極關注和充足的溝通時間。

事實上，許多父母在聽孩子說話時往往心不在焉，不是看電視就是做家務，總以為孩子的事情沒有什麼大不了的，自己手上的事情才是重要的。孩子為自己的小小挫折傷心難過，父母一笑置之；孩子與小朋友發生衝突，想尋求父母的幫助，父母則認為小孩子吵架沒有什麼緊要的……父母總以成人的思維去看待發生在孩子身邊的那些「微不足道」的事情。事實上，對於孩子來說，正是這些被成人看來「微不足道」的小事困擾著他們成長過程中的整個心靈。由於父母把小孩子身邊發生的事情都認為無關緊要，因此他們總是不能靜下心來傾聽孩子的心聲。

對家長來說，有時候，你並不需要講很多道理，只要耐心地去聽，就能向孩子傳遞出理解、接受、贊同的態度，孩子有時候並不需要什麼大道理，只要你會聽就可以了。

第二，讓孩子投入談話之中。交談需要花費一些時間，同時，最好是在一種讓孩子與大人一樣有同等機會參與的輕鬆氣氛中進行。談話應自由自在，任意發揮。不要有什麼儀式安排或預期一定要達到什麼結果，嘗試與孩子隨意地交流觀點和看法。

第三，接受孩子的所有感受。孩子向家長訴說時，家長應安靜、專心地傾聽，但不給予評判。家長不必接受孩子的所有行為表現，而只是接受他的感受。例如，孩子告訴家長他對小夥伴有多生氣，這時家長要理解孩子的感受，可以安慰一下孩子，但家長要教育孩子不可透過嘲弄或毆打來發洩他的怒氣。

第四，父母應該對孩子關心的話題表示出興趣。作為父母，除了關心孩子的吃住外，更要關心孩子感興趣的事情。對孩子關心的話題感興趣，孩子就會興致勃勃地與父母分享自己的興趣和愉悅。

父母不光要對孩子的話題感興趣，還要用「參與」的方式為孩子傳達資訊，更有利於引導孩子訴說一些事情的經過，讓孩子自己去分析和判斷，而父母依然扮演的是傾聽者的角色。比如，你可以坐在孩子的對面，用慈愛的目光注視著孩子，若有所思地回答「那倒是。」、「我想那時你肯定很傷心吧？」你也可以握著孩子的手，溫和地注視著孩子，說：「我理解你的感受。」、「嗯，我理解你的心情。」這些附和性的語言往往會增加孩子訴說的興趣，孩子會滔滔不絕地把下面的事情告訴你。

此外，父母也可以透過恰當的表情傳達自己的興趣。

其實，很多父母都知道，不管孩子的話題多麼簡單，只要你感興趣，那麼孩子訴說的熱情自然就會迸發出來；如果你沉著臉，一副漫不經心的樣子，孩子很可能就沒有訴說的熱情。父母可以用言語傳達自己的興趣，也可以透過手勢和身體的各種姿勢來傳遞資訊，比如，你可以放下手中的事情，瞪大眼睛，張大嘴巴，做個誇張的表情，說：「真的嗎？」

當孩子講的事情出乎你的意料之外時，你可以用「大驚小怪」的神情來表達自己的興趣，這會激發孩子的表達欲。

有經驗的父母會發現，不管孩子要跟你訴說的是一件如何簡單的事情，但是只要你表示出認真傾聽的樣子，表示出你的興趣，比如用眼睛注視孩子，身體略微傾向孩子，並伴隨恰當的面部表情等，讓孩子感知到父母的關心，實現資訊的互動傳遞，孩子就會興致勃勃地講下去，進而表達出自己的情感和思想，實現與父母的思想交流和情感溝通。

這些都是幫助父母用心傾聽孩子講話的良策，試試看，效果很快就會顯現。就算當孩子長大成人，像山一樣站在父母的面前，他仍然會習慣性地俯下身來，像小時候爸爸媽媽對他那樣，耐心聽父母說話。那時，年邁的雙親會從內心裡感到做父母的寬慰和滿足。

年幼的孩子都有一顆敏感而脆弱的心，他們能夠從父母慈愛的笑容中得到鼓勵和安慰，也會因為父母冷漠或者不屑一顧的語氣受到傷害。用心的溝通與交流是人與人之間的基本法則，對於孩子當然也不例外。如果孩子不愛說話，或者一說話就緊張，聽別人講話時漫不經心，父母就應該想想，是不是自己的不耐心傾聽讓孩子喪失了表達的興趣和信心，甚至養成不良習慣。

聽懂孩子的「言外之音」並不困難

小欣的女兒很有個性，她特別有主見，叛逆期來得很早。愈是叫她去做什麼，她就愈不去做，總是說：「我偏不要！」

女兒還會對小欣生氣，會對她說：「我不愛媽媽了，我不要妳！」很多媽媽會因此生氣，但小欣不會。她很有策略，每次都回答女兒說：「沒關係，我知道，妳說不要媽媽就是愛媽媽，妳說不愛媽媽也是愛媽媽……」

有時，女兒會說：「媽媽，我好熱！」小欣就知道女兒的言外之意是說想喝冰的飲料。於是對女兒說：「媽媽明白了，你是想喝飲料，是嗎？」就這樣，小欣獲得了女兒的認同。

作為一種溝通方式，父母理解孩子的言外之音是很重要的。若你無法意會到孩子帶有隱含意的語言，輕則會誤解孩子；重則會把錯的事認為是對的，對的事反而認為是錯誤的，從而直接影響你對孩子的判斷。

具體來說，父母應做到以下幾點。

第一，為孩子懂得「隱喻」而感到高興。當你發現孩子說了一些帶有隱喻性的話語時，應該感到高興，並認真理解孩子的言外之音，而不是說：「有話就說，別拐彎抹角。」因為孩子懂得說帶有隱喻性的話是聰明的表現，表明孩子懂得委婉地表達自己的意思，也說明孩子說話的時候懂得考慮別人的感受，以及懂得體會別人的潛臺詞。對此，父母應該高興地讚美孩子：「不錯，你愈來愈會說話了。」

第二，對孩子的言外之音進行解析。學會聽懂孩子的潛臺詞，就是當孩子講起一件事時，不要就事件本身與他探討，而要分析孩子的言外之音。比如，當孩子對你說：「爸爸，朋友去網咖了。」其實就表明他也想去網咖，且在試探你對此的態度，所以你不能說：「朋友成績好，自制力好，去網咖沒什麼。」而要表明你對未成年人上網的態度，說出上網的危害。這時孩子很可能說：「喔，好的。」也可能說：「不，我只是說說，我並不想去網咖。」這樣一些情況，往往隱含著孩子的話外之音。孩子談話時語氣突然改變時，孩子的音調加重時，孩子突然停止談話時，孩子故意做出的暗示性的語言和肢體動作時，談話結束時孩子有不尋常的舉止時……

第三，體會孩子透過隱喻所表達的心情。孩子回家說：「媽媽，他們都不跟我玩。」很多媽媽都會說：「他們不跟你玩，你可以跟他們玩呀。」但是孩子會說：「我就不跟他們玩，誰讓他們不跟我玩的。」媽媽這樣說不但沒有消除孩子的煩惱，還激化了孩子的不快。如果媽媽說：「他們不跟你玩，你很生氣？」孩子會說：「當然了。」孩子發現自己被媽媽理解了，他會感到欣慰。在學校與不與同學玩，不是媽媽要幫他解決的，他只是想讓媽媽理解他的心情和感受。

總之，孩子的內心思想有時會在口頭上不經意間流露出來，只要我們細心觀察，就能聽出孩子的言外之音。

善於抓住孩子話語中的關鍵字

父母聽孩子說話，不只是要聽見，更重要的是「聽懂」。對語詞、語句以至整個話語的意義的理解與把握，是聽話能力的核心。傾聽時不僅要用耳，還要用腦，邊聽邊思考接收到的各種語言資訊。迅速地抓住關鍵字語，只有準確地理解了關鍵字語，才能正確地理解整體話語的意義。實際上，在快速流逝的話語中，父母不應只是在聽聲音，而應該聽思想。除了對詞句的聽辨外，還要注意語調、語氣、重音、停頓等種種因素。

第一，理解話語中孩子想表達的含義。孩子有時候會選擇用隱喻性的表達方式，去透露自己想讓他人知道的深層含意。比如「我羨慕他每次放學都不用去補習班」，這就是孩子在透露自己「不想去補習班」的心思，孩子常常會利用其他人事物去委婉表達出自己的理念，很大一部分原因是為了試探父母，觀察父母是否「認同」自己的所知所想。

作為父母，一定會有和孩子理念起衝突的時候，但切莫直接否定或是忽略孩子的言外之音，而是要與孩子一起抽絲剝繭，去理解事件的核心，以及自己作為父母的出發點。當你理解了孩子真正的心意，就算兩者想法不同，也可以透過溝通有效地解決。正所謂在溝通之前，理解彼此才是最重要的前提。

第二，學會「提煉」孩子話語中的關鍵字。所謂的關鍵字，指的是描繪具體事實的用詞，這些用詞透露出重要的資訊，同時也顯示出對方的興趣和情緒。透過關鍵字，可以看出孩子喜歡的話題，以及孩子對父母的信任。

找出孩子話語中的關鍵字，也可以說明我們決定如何響應孩子的說辭。找出孩子話語中的重點，並且把注意力集中在重點上，這樣我們才能比較容易地從孩子的觀點中了解整個問題。只要我們不再注意各種細枝末節，就不會因為沒聽到對方話中的重點或是錯過主要的內容而浪費時間，或者做出錯誤的假設。

在人際交往中，學會聽話語中關鍵字是非常重要的。心理學研究表明，愈是善於傾聽他人關鍵話語的人，與他人關係就愈融洽。

第三，達到傾聽的最高層面。有學者認為，有效地傾聽是可以透過學習獲得的。把握談話中的關鍵字是傾聽過程中的重點，因為，把握好關鍵字能夠讓我們獲取更多的資訊，從而掌握溝通的主動權。根據影響傾聽效率的行為特徵，我們把傾聽分為三個層次，認識自己的傾聽行為，並透過學習使自己的傾聽層次逐步上升到第三個層次，家長就可以成為一名高效率的傾聽者，從而不斷提高與孩子之間的溝通能力，獲得孩子的「芳心」。

傾聽的三個層次具體如下。

第一，傾聽者完全沒有注意對方的談話內容。在這個層次上，傾聽者表面上是在聽，實際上是在想與對方談話毫無關聯的事情，或者在琢磨自己的辯詞。這種層次上的傾聽者只對說感興趣，對對方的話根本不在意，所以這類傾聽容易導致溝通中關係的破裂甚至會出現衝突。

第二，傾聽者只注重字詞表面的意思。傾聽者在聽的過程中，只注重對方所說的內容，卻忽視了語調、身體姿勢、手勢、面部表情等無聲語言。但無聲的語言往往更能傳達說話人的真實意思，所以這一層次的傾聽者常常誤解別人的意思，進而做出錯誤的舉動，影響溝通的順利進行。另外，傾聽者在聽的過程中如果只是象徵性地點頭同意，而不詢問發言者的真實意思，則會讓其誤認為自己的話被理解了，這也會為接下來的溝通帶來潛在的阻礙。

第三，傾聽者在聽的過程中尋找興趣點，並以此促進溝通的順利進行。這一層次的傾聽者才是一個優秀的傾聽者。因為興趣點是獲取新的有用資訊的契機，高效率的傾聽者則能很好地利用這一點獲取更多有價值的資訊，從而掌握談話的主動權，促進溝通的順利進行。處於第三個層次的傾聽者善於及時總結已傳遞的資訊，質疑或權衡所聽到的話並有意識地注意非語言線索，從而總攬全域。由此可見，傾聽的最高境界就是做一個高效的傾聽者，及時把握對方話語中的關鍵字，從而獲取更多有價值的資訊。

作為父母，要提高自己的傾聽水準需要不斷地練習。首先加強自己的知識累積，這是理解力的前提。其次，還要能對別人的長篇大論進行簡短的總結。另外，我們還可以練習速聽，看自己能否瞬間掌握主旨。經過不斷練習，相信我們的傾聽技巧會更加嫻熟。

善於抓住孩子話語中的關鍵字

一邊傾聽一邊積極對待提問

生活中，孩子總愛問「為什麼」，面對孩子各式各樣的提問，很多家長常常不能靜下心來傾聽並給予滿意的答案，有的甚至對此感到不耐煩，直接予以打斷。家長如何對待孩子的提問，直接影響孩子智力和思維的發展，這是不可輕視的問題。孩子渴望了解世界，提問正是他認識世界的開始，其正確的思維方法就是在這個過程中漸漸形成的。

臺灣作家李敖在談到孩子的教育話題時，曾指出：「一個嬰兒降生到這個世界，世界上的一切對他們來講都是陌生的、新奇的，所以，他們對什麼都好奇。好奇是對自己所不了解的事物的一種求知欲，好奇心能促使孩子產生一種發現與探索的欲望。」然而，可惜的是，隨著童年期的過去，許多人的好奇心漸漸地消失了，這往往是由不正確的教育方式造成的。所以，在孩子的早期教育中，家長要特別注意保護孩子探索事物的好奇心，當孩子提出各種「為什麼」的時候，家長不論多忙，都應該認真傾聽並以熱情的態度解答。儘管有時回答起來很麻煩，但也應盡力而為，引導孩子去觀察、發現、認識新的事物。

一八四七年二月十一日，在美國俄亥俄州的一個米蘭的小鎮上，一個小男孩降生了。男孩長得很秀氣，跟媽媽像極了。但男孩的身體卻很纖瘦，一副弱不禁風的樣子讓人心疼，可他的腦袋出奇的腫大，讓人更加擔心。

這個小男孩就是後來聞名世界的「發明大王」湯瑪斯．阿爾瓦．愛迪生（Thomas Alva Edison）。愛迪生從小體質比較弱，頭腦卻非常靈活。他的好奇心特別強，平日裡最喜歡問「為什麼」，看見想不明的事情就問，問了還轉著眼珠想。

問題的存在是思想與邏輯的起點，當孩子問「為什麼」的時候，其實代表孩子正在主動思考。同時，孩子愛提問、愛質疑，正是好奇心和求知欲的外在表現，孩子向父母、老師、書本發問的過程，就是累積知識的過程。有學者曾說：「發明千千萬，起點是一問。」孩子發現問題的能力很重要。質疑是創新思維的源泉，是孩子在學習的過程中另闢蹊徑、探索新知識的重要途徑。一般來說，孩子見到、聽到的事物愈多，提出的問題也就愈多，提出問題愈多的孩子，知道的也就愈多。所以，家長一定要善待孩子的提問。

第一，必須接納孩子的問題。孩子經常提出一些令人忍俊不禁、無法回答的問題，如果家長不接納孩子的問題，只是一笑置之，敷衍了事或直接制止，久而久之，孩子就不想再問了，這將導致其智慧的萌芽逐漸枯萎。因此，家長必須接納孩子的問題。

第二，聽完後盡可能馬上回答。孩子注意力都不持久，家長如果不馬上回答，孩子或許會很快忘掉剛剛提出的問題，或會降低了對問題的興趣，這些都影響其智力發展。當然，這裡所指的立即回答，並不是主張馬上把問題的標準答案直接「告訴」孩子，而是說應該立即受理孩子所提出的問題，並努力透過對問題的討論來促進孩子相關思考，促進其能力的發展。

第三，聽完後以問代答。為了鼓勵孩子養成有問題先自己思考的習慣，對孩子的問題可適當地反問孩子，反問時要啟發、引導，問題的難度要適宜。平時，許多父母慣於用「對」與「不對」、「可以」與「不可以」、「好」與「不好」等詞肯定或否定地回答，如孩子問：「媽媽，你看我算得對不對？」媽媽回答說：「對！」孩子問：「爸爸，這朵花漂亮不漂亮？」爸爸說：「不漂亮。」這樣的回答雖然簡潔明瞭，但不如回答：「你認為怎麼樣？」、「你認為美嗎？」這樣的回答更能促進孩子的思考。如果孩子回答：「不美。」你

又可以這樣問：「為什麼不美？」總之，經常用反問的方式，能促使孩子主動積極地思考問題，並漸漸地形成對周圍事物特有的自己的認識。

第四，間接回答。家長經常會遇到這樣的情況，孩子的提問很簡單，可答案卻並不簡單，有些現象在大人眼裡很普通，可對於孩子來說，則很難理解。這樣就會使得家長左右為難，有時即便回答了，孩子也很難感到滿意。如果這種體驗連續幾次之後，孩子提問的次數就會減少，甚至會使得孩子對事物失去應有的好奇心。如面對「太陽為什麼會落下去」這個問題，家長從太陽與地球的關係上回答，或是用動力學說來回答，孩子肯定不能理解。因此，根據實際情況和孩子的年齡特點，可以採用擬人化的方法給予間接回答：「一到晚上，動物們回家睡覺了，太陽公公也到山的那邊去啦。」又如，晚上在外面散步，孩子看見月亮後會問：「媽媽，月亮為什麼跟著我們走？」你可以這樣回答：「因為月亮喜歡我們。」這樣的回答雖然不符合相關科學原理，但卻能使孩子的好奇心得到滿足。

第五，和孩子一起看書研究。當遇到無法解答或難以系統而科學地回答的問題時，家長應和孩子一起看書研究，當然，在此過程中，要邊查找邊尋找能利用孩子理解的語言向孩子解釋。這樣做最重要的好處是，會使孩子從小養成查字典、看書的習慣，而將來遇到什麼疑難問題時，孩子也就懂得如何自己去找答案了。

「好問是求知，是探索，是思考的花園裡開出的花，是智慧的夜幕中閃著的光。」是的，疑問是開啟成功之門的鑰匙，遇事總問個「為什麼」，有助於培養孩子積極動腦的習慣，勤問「為什麼」，能幫助孩子建立起對事物的濃厚興趣，而只有對某種事物有興趣，孩子才有可能在這一個領域裡有所建樹，獲取成功。父母應鼓勵孩子提問，培養孩子多問「為什麼」的習慣，這是開發孩子好奇心的最佳方法。

請耐心地傾聽孩子的質疑

生活中，很多家長總擺出一副「唯我獨尊」的樣子，聽不得孩子質疑的聲音。只要孩子一開始「反對」自己，就趕忙打住孩子的話。這對孩子的健康成長極為不利。

在當今社會，一個孩子如果從小就只會人云亦云，別人說什麼是什麼，缺乏獨立思考、大膽質疑的能力，那麼，這個孩子長大以後一定不會有什麼大的出息。相反，一個懂得質疑、求索創新的孩子，他的智慧之樹必然能開出豔麗之花、結出豐碩之果。有質疑，孩子才能進步，敢質疑，孩子才能獲得真知、有所發展。

孟子認為「盡信書不如無書。」是的，「疑」是深思的結果。愛因斯坦說：「提出一個問題比解決一個問題更重要。」如果沒有深入的思考，沒有潛心的研究，是很難發現問題的。有些孩子在成長中無疑可問，這與他們不深入思考是密切相關的，因為疑問的產生是與深入思考相聯繫的。能思則能疑，思得愈深，提出的問題就愈多，就愈深；相反，不思考，當然也就無所謂疑了。

「疑」是追求新知識的起點。有了疑問，孩子的思維並沒有結束，相反，懷疑意味著思維獲得新的起點。新知識的獲得，總是從「疑」開始，透過步步解析，獲得新知。這和人類文明進步一樣，若沒有對自然事物的好奇心理，沒有「疑」，是不可能有什麼創新能力的。如果有疑而不問，思想的連接就會斷裂，獲得新知的途徑也會被切斷。因此，「疑」能促進問，「問」能獲得知，

「疑」是獲得新知的起點。

「疑」是創新的動力。在成長過程中，透過質疑，能使孩子擺脫書本的束縛，發現前人認識上的不足，提出自己獨到的見解而不人云亦云、隨波逐流。尤其是在科技迅猛發展的今天，鼓勵孩子大膽質疑，對於培養孩子的創新意識，培養創造型人才尤其重要。因循守舊、墨守成規是永遠無法超越前人的，不敢質疑是難以創新的。

所以，我們說，「疑」是孩子成長的鑰匙、是求知的起點、是增長智慧的階梯、是創新思想的啟蒙。如果孩子能夠做到不唯書、不唯師，勇於質疑書本知識和他人的觀點，那麼，他就一定能夠成為適應社會發展變革的時代新人。

伽利略是義大利物理學家、數學家和天文學家。他發現了擺動定時性定律，提出了自由落體定律，發明了比重秤、空氣溫度計，發明了伽利略望遠鏡，證明了哥白尼的日心說是正確的……

伽利略．伽利萊（Galileo Galilei）從小多才多藝。他擅長畫畫、彈琴，非常喜歡數學，會製造各種各樣的機動式玩具。他本可以成為一個大畫家或者大音樂家。但是，他更愛自然科學。他的心中充滿了各種各樣的疑問。他老是問父親，為什麼煙霧會上升？為什麼水會起波浪？為什麼教堂要造得如此宏大？長大以後，他的疑問就更多了。他深入鑽研了亞里斯多德（Αριστοτ⊠λης）的著作，常常陷入沉思之中。他想，亞里斯多德的許多理論並沒有經過證明，為什麼要把它們看做是絕對真理呢？伽利略少年時代所質疑的許多現象，後來都由他自己找到了答案。

權威說的、老師說的、課本上說的不一定全是正確的，如果有懷疑，那就應該付諸實踐，用實踐、用事實說話才是最有力的，沒有比證據更好的語言了。在這個過程中，父母要耐心傾聽孩子的「疑」，並給予適當的指導。

第一，**培養孩子的質疑習慣**。培養孩子的質疑習慣，家長要有意識地鼓勵孩子多思多問。當孩子向我們提出問題時，應盡量給孩子一個以較圓滿、正確的答案，並不失時機地肯定、讚美孩子的行為。

答案和讚美一方面滿足了孩子的求知欲，另一方面更激發了孩子的好奇心。如果孩子提出的問題較深奧，家長自己也弄不明白，或者有些問題的答案可能不適於直接告訴孩子，遇到這種情況，也要正確處理，而不能打擊孩子質疑的積極性。正確的做法應該是，謙虛地告訴孩子：「你提的問題真好，但這個問題我也不懂，等我查清楚再回答你，或者你自己先找答案，好嗎？」

第二，**用質疑引導孩子質疑**。家長除了盡量答覆孩子的各種提問外，還應主動地、經常地向孩子提一些問題，引導孩子觀察事物，發現問題，激發孩子的質疑興趣和欲望。當然，家長在向孩子提出問題時，要符合孩子的年齡和知識範圍，問題不能過難或過簡，不然都會傷害到孩子思考的積極性。

總之，家長要耐心傾聽孩子的質疑，這有利於培養孩子的質疑精神。

在潛移默化中提升孩子傾聽的能力

在人與人交往的過程中，「傾聽」有著重要的作用。面對孩子「滔滔不絕」的話語，父母要耐心傾聽，同時，父母也要在傾聽的過程中教會孩子傾聽的能力。

首先，有效的傾聽能幫助孩子彌補自己的不足；也能使孩子萌發靈感。善於傾聽的孩子一般學習能力都強，成績都比較優異。而一個總在他人說話時插嘴的孩子，通常沒有認真聽課的習慣，注意力不集中，所以總在老師真正提出問題的時候，什麼都不會。

其次，善於傾聽的孩子能獲取朋友的信任，是一個人真正會交際、有教養的表現。善於傾聽的人能夠給予別人充分的空間訴說自己，幫助他人減輕心理壓力。每當人們遇到不如意的事，總想找個人一吐為快。我們的傾聽，在別人不如意時往往會起到意想不到的緩解作用。同時，善於傾聽，還可以了解到他人的想法與需求，能夠提出合適的建議，從而獲得友誼與信任。

一個不善於傾聽別人說話的人，人際關係通常都很失敗。他們總喜歡滔滔不絕，別人的話還沒有說完，他們就插嘴；別人的話還沒有聽清楚，他們就迫不及待地發表自己的見解和意見；可是，當對方興致勃勃地與他們說話，他們卻心不在焉。這樣的人，其印象是自私、不講理，且不值得信任，沒有教養，所以沒有人願意與之交談，更不會和他做朋友。

英國作家蕭伯納（George Bernard Shaw）是個很聰明也很健談的人。少年時，他總是習慣於表現自己，無論到哪裡都說個沒完，而且話語苛刻。

有一次，他的一個朋友真誠地告知他：「你說起話來真的很有趣，這固然不錯，但大家總覺得，如果你不在場，他們會更快樂，因為他們都比不上你。有你在場，大家就只能聽你一個人說話了。加上你的言詞銳利，聽著刺耳，這麼一來，朋友都將離你而去，這樣對你又有什麼益處呢？」朋友的提醒帶給了蕭伯納很深的觸動，他從此立下誓言，決心改掉「自話自說」的習慣，這樣，他重新贏得了朋友的歡迎和尊敬。

對於談話者來說，傾聽是褒獎對方談話的一種方式，是對人尊重的展現，是安慰別人的一劑良藥。「傾聽」有時候比「說話」更為重要。要做到會傾聽，應注意多聆聽，了解對方的真正意圖，不要在別人還沒說完的時候就插嘴，打斷別人的話。

聽別人談話時，應等別人把話說完以後再發表意見。這就應該做到——傾聽不要只聽一半，更不要把自己的意思投射到別人所說的話上。只有這樣，才算是會「傾聽」。

那麼，家長應怎樣讓孩子學會傾聽呢？

在潛移默化中提升孩子傾聽的能力

第一，利用「按指令行事法」發展孩子的傾聽能力。好動是孩子的天性，也是孩子身心發展的一個階段。為此，家長可以用按指令行事的方法來發展孩子的傾聽能力。比如要求孩子聽指令做出相應動作；在日常生活中交給孩子一些任務，讓其完成，以鍛鍊孩子對語言的理解能力；讓孩子根據某種音樂或節奏等，一邊看著大人的手勢，一邊完成某些動作或相應的行為等。

第二，利用「聽辨錯誤法」來發展孩子的傾聽能力。生活中，有的孩子聽一件事時，只聽到其中的一點兒就聽不下去了，這就說明傾聽的素質不高，聽得不仔細，不專心和不認真。因此，家長應有目的地讓孩子在日常生活中去判斷語言的對錯，吸引孩子注意傾聽，並加以改正。如說「玉米結在地下，葡萄結在樹上」等錯誤語句，讓孩子傾聽後，挑出毛病並糾正。

第三，培養孩子傾聽的習慣。有些孩子在聽他人講話時要麼心不在焉，要嘛轉移目標，要嘛四處走動，這種行為會使說話者感到受到傷害，談話不僅無法收到較好的效果，還會影響雙方的關係。

家長一定要「端正」對孩子的態度，孩子是一個獨立的人，也是一個與成年人平等的人，如果孩子養成了以自我為中心的不良習慣，想要讓孩子傾聽他人是不太可能的。因此，父母既要重視孩子的自尊心，也不能把孩子當成全家的中心，什麼事情都圍繞孩子轉。應該讓孩子懂得在聽別人講話時，要尊重他人，可以自然地坐著或者站著，眼睛看著說話的人，不要隨便插嘴，安靜地聽別人把話說完，這是一種禮貌。

第四，透過遊戲來訓練孩子的傾聽能力，引起孩子的興趣。一種良好的練習傾聽的遊戲就是「傳話」。比如，媽媽可以向孩子說一段話或者講一個故事，要求孩子認真仔細地聽完，然後把這段話或者這個故事講給爸爸聽，媽媽要聽聽孩子複述得是否準確。有條件的情況下，最好讓幾個甚至十幾個孩子共同玩這個遊戲，大家圍坐一圈，由一個人開始，將一段話悄悄傳給第二個人，第二個又傳給第三個人……如此轉一圈，當最後一個人把話傳到發話人的時候，原話往往已經變得「面目全非」了。透過這種遊戲可以訓練孩子的傾聽能力。

第五，教會孩子傾聽的技巧。告訴孩子，在聽別人說話的時候，認真、專注是對他人最好的嘉獎。如果能夠在聽的過程中提出自己的問題，那就更好了。當然，這裡的問題不是故意刁難，更不是挑毛病。在聽的過程中要邊聽邊想。一個懂得傾聽的孩子才能讓自己的語言彰顯出無窮的魅力！

第七章　「教訓」孩子時要講究藝術

批評作為一種教育手段，目的就是讓孩子能夠知道錯誤的原因，以後能夠避免或改正。但實際上，許多父母都有這樣的體會，和孩子好好地說、講道理不管用，批評也不管用，動手教訓也還是不管用。

其實，即使孩子出現了原則性的錯誤，父母一樣可以用溫和、耐心和有效的方法解決問題。父母責備的聲音愈小，孩子愈會注意傾聽。「教」而不「罰」，比純粹的批評懲罰會更有效。人天生是一種喜歡接納鼓勵和撫慰的動物，而對批評則本能地產生敵對和衝突。所以，父母在責備孩子時，親子關係、雙方的感情都會受到考驗。父母要了解孩子處於一個什麼樣的發展階段，才能對孩子有合理的期望。那樣，對待他每一個年齡段所犯錯誤的判斷就比較準確了，也就會有相應、恰當的批評方式。

如何批評孩子才肯聽

世上沒有不犯錯誤的孩子，父母對犯錯誤的孩子進行批評教育也是理所當然的。但是有些父母批評孩子時不講究技巧，結果往往會事與願違，導致孩子的叛逆心理。

父母應該批評孩子，這是古今中外的不變法則。孩子在被批評的過程中，學會辨別是非，學會區分哪些事情是好的、哪些事情是壞的。如果孩子做錯了事情不聞不問，那父母就有問題了，是不稱職的父母。只有對於孩子的所作所為勇於直言、「對就是對、錯就是錯」的父母才會受到人們的尊敬。

批評孩子就要認認真真地去批評，那些招致孩子討厭或造成逆反的行為應該受到指責。反抗是孩子精神成熟的重要標誌。孩子進入叛逆期以後，一旦父母的批評不當，動不動就會頂撞父母，以至於有些父母感到納悶：「為什麼事事都要反對我們呢？」當父母提醒他時，他反而振振有詞：「你們不也在做著同樣的事情嗎？為什麼只說我？」反倒指責起自己的父母來了。

在父母看來，一直對自己言聽計從、老老實實的孩子，忽然間變得判若兩人，事事都要與自己計較，有時不免就會大動肝火。以前只要批評幾句，孩子就會默默接受。可現在就不同了，你愈是極力想控制他，他愈是反抗。

其實，孩子的反抗與叛逆心理主要是因為父母的批評不當造成的，如何批評才能達到既改正孩子缺點又不傷害孩子的自尊心呢？

要做到既能維護孩子的自尊，又能讓孩子糾正自己的不足，父母可以從以下幾個方面入手。

第一，應該保持冷靜的態度。向他講道理，以理服人，而且自己的立場也要始終如一。

批評固然是好事，可是莫名其妙地批評訓斥孩子卻只能起到相反的作用。為了避免發生正面衝突，可利用第三者傳話和寫信、寫日記及介紹大人自己經驗之談，用語言使之緩和下來，說「你的心情我理解」，表示理解對方的感情。

第二，要批評，也要肯定。如果孩子做錯了事，經過父母的批評糾正，他們改正了錯誤，父母要給予足夠的肯定，使他們對自己的正確行為有信心。讓孩子在愉悅中學會好的行為，總比在責備中學習要容易得多。因為每個人對別人的斥責和約束都有內在的排斥性。過多的責備與管束會使孩子產生反感，會減弱效果，不如正面鼓勵效果好。

第三，啟發孩子，讓孩子明白自己的過失。孩子犯了錯誤，如果父母能心平氣和地啟發孩子，不直接批評他的過失，孩子會很快明白父母的用意，願意接受父母的批評和教育，而且這樣做還可以保護孩子的自尊心。

第四，沉默。孩子一旦做錯了事情，就會擔心父母責罵，如果正應了孩子心中所想的。他會有一種「如釋重負」的感覺。對批評和過錯反而不以為然了。相反，如果父母以沉默的態度對待，孩子會感到緊張，「不自在」起來，進而能反省自己的錯誤。

第五，換個立場。當孩子惹了麻煩，怕被父母責罵的時候，往往會把責任推到他人身上，以此來逃避責罵。此時最有效的方法是在孩子強辯「都是別人的錯，跟我一點關係也沒有」時，回他一句：「如果你是那個人，你要怎麼解釋！」孩子會思考，如果自己是對方時該說些什麼。這樣一來，大部分孩子都會發現自己也有責任，而且會反省自己把所有責任推到對方身上的錯誤。

第六，輕聲細語。心理學試驗表明，父母批評孩子時，聲音低於平時說話的音量，更容易引起孩子的注意，也更容易讓孩子接受。父母對孩子的錯誤要盡量小聲批評說服。大聲斥責的「熱處理」效果往往不如這種「冷處理」。心理學家還建議父母要成為「寓言家」，學會對孩子進行暗示教育。父母可以經常用寓言式的話語對孩子進行啟發性教育，這種「借彼喻此」的方式會使孩子覺得有趣，孩子也會更樂意接受。比如說，古代「孔融讓梨」的古訓，就可用來教育個性比較強，誰也不讓誰的獨生子女。

第七，適時適度。孩子犯了錯誤，父母不要姑息遷就或「秋後算帳」，而要適時指出。有的父母喜歡「大事化了」地包庇縱容孩子，對孩子的不良行為，平時從不批評教育，這種「大事化小，小事化了」的做法會導致孩子走上犯罪道路；有的父母則喜歡「小事化大」，孩子稍微「越過雷池一步」，犯了一點錯誤，父母就沒完沒了地訓斥，讓孩子無所適從。所以，父母批評孩子時一定要就事論事，不要扯上孩子以前犯的錯誤。因此，父母責備孩子要趁熱打鐵，立刻糾正，不能拖拉，過了時機就起不到應有的教育作用了。

第八，用讚美代替批評。孩子由於受心理發展水準的限制，學習、判斷是非、記憶等能力較差，在犯了錯誤之後，雖經父母指出和教育，還有可能重犯。這種現象並不表明孩子不知道自己的錯誤，而是由於他的自制力不強，或已經形成了習慣和這種行為的結果多數能給孩子帶來好處或滿足等原因，因此一犯再犯。這時候，父母可以用讚美他的自制力方面的話鼓勵孩子，孩子為了得到更多的讚美，往往會朝著好的方向發展，教育會取得事半功倍的效果！

值得父母們注意的是，不管用哪一種批評方式，父母首先要創造一種尊重對方、接納孩子同時對方也能接納自己的氣氛。不是用指責、命令的口氣，而是用建議或商量的口氣，如果孩子頂嘴，就耐心聽完孩子的所有辯解。

此外，還應該在批評之前先減輕孩子的精神壓力，孩子心裡自然就有了聽取責備的準備，這時再對孩子說：「無論如何你讓我說兩句話。」大人一開始就創造出讓孩子聽的氣氛，這樣即使稍有些刺激性的勸告，孩子也能聽得進去。

當然，最有效的辦法還是讓孩子自己消除心中的不滿。迅速成長時期的孩子可能會對父母懷有不平與不滿。成長起來的孩子產生的自我要求，與父母所要求的規範不斷地產生不相容之處，孩子經過這種衝突，會成長為更加成熟的大人。因此，無視和壓制孩子的不平和不滿，或者反過來採取因為令人厭煩而完全接受的隨便應付的辦法，孩子就不能如所期望的那樣成長。

總之，父母們務必要記住的是，對待任何一個孩子，往往是讚美愈多，優點愈多；訓斥愈多，毛病愈多。因此，父母一定要講求批評的藝術，不可過度批評孩子，讓孩子與自己的期望相去甚遠。

堅持對事不對人原則

孩子犯了錯，特別是有不良的行為習慣及不好的思想與道德表現時，給予孩子適當的提醒和警戒作為補充，讓孩子明辨是非是非常必要的。但父母應該就事論事，存在什麼問題就談什麼問題。切勿借題發揮、節外生枝，更不能針對孩子進行人身詆毀。

美國心理學專家伯爾赫斯・法雷迪・史金納（Burrhus Frederic Skinner）認為家長要想妥善處理好家庭關係，首先要尊重孩子，孩子的自尊心是非常可貴的，也是非常脆弱的，它就像一張白紙，一旦戳破了，孩子就會應聲碎裂。史金納首先強調一個基本原則，就是「對事不對人」。這就是說，當孩子惹了麻煩時，父母應針對情景展開話題而不要評斷孩子的人品和人格。

批評、懲罰與讚美一樣都是教育的行為原則，所以教育者在操作批評、懲罰時，一定要做到對事不對人，即只能針對孩子的行為提出，絕對不能錯位，也就是不能對人不對事，否則，孩子就會失去羞恥心、榮譽感和進取精神。但在現實中，很多家長在獎勵孩子時，過多地關注了他所做的事，而在懲罰時，又過多地關注了犯錯誤的人。

對事不對人的原則是人本主義教育思想的展現，是後世敘事理念「將人與問題分離」的運用。那麼，在批評孩子時，如何才能做到對事不對人呢？首先，從大的方面說，家長要想在批評中真正做到「對事不對人」，保持平靜而和諧的心態是關鍵中的關鍵，如果發現自己面對孩子的心態出現了比較嚴重的問題，則應立即停止對孩子的批評，不然批評就很容易變成「體罰」或「心罰」，變成一種直接指向孩子的身體攻擊或語言攻擊行為，其對孩子脆弱心靈的傷害之深有時是無法預料的。接著，從細節上來說，父母不要一開始就指出孩子的錯誤，並要求其改正，這樣做相當於打了孩子一個耳光，然後叫一聲「滾」，會讓孩子對父母產生強烈反感。要批評孩子，就得想辦法消除對方的防衛心理，讓對方能夠聽進去。所以，在開始批評之前，首先應該讚美孩子，把孩子優秀的一面全部說出來，對他這個人進行肯定，當發現孩子被正面情緒圍繞的時候，父母批評的時機就成熟了。批評的時候，只對事情進行評價，講事情的時候也需要注意，千萬別讓自己帶有負面情緒，不然就功虧一簣。應該心平氣和地、面帶微笑地陳述事情，讓孩子知道自己所造成的危害，並且給孩子機會說出犯錯誤的原因，這時孩子才會客觀、公正地看待自己。當孩子承認了自己的錯誤之後，父母應該告知如何改正這個錯誤，以後如何防止類似錯誤發生。這樣，孩子不但不會對父母產生負面情緒，還會把父母當成好朋友。

比如，孩子做錯了一道題目，正確的批評是：「這道題你做錯了，做作業要認真，知道嗎？」而錯誤的批評是：「你這個笨蛋！連這麼簡單的題目都做錯。」這種批評就是對人不對事，是錯位的批評，把批評變成了指責，變成了人身攻擊，使孩子產生負罪感，降低孩子的自尊和自我評價能力。而更好的批評方式則為：「孩子，我發現你做作業的速度比原來快了，這很好，但是出現了一些錯誤，如果你下次做作業時不再出現錯題，再認真、仔細一點就更好了。」哪怕孩子作業沒有以前做得快，你也這麼說。這樣的批評就具有建設性，孩子下次做作業不但快而且會認真、仔細，並且這種批評孩子樂於接受。雖然「良藥苦口利於病」，但我們為什麼不能在苦藥的外麵包一層糖衣呢？雖然「忠言逆耳利於行」，但我們為什麼不能順著孩子的心意以滿足其內心深處的精神需求呢？只有做到了這一切，父母的教育才能更好地完成對孩子能力的開拓。

堅持對事不對人原則

孩子在成長過程中難免會犯錯、做出有違父母意願的事情，父母在處理這些「問題孩子」時，應設身處地地替他們著想，就事論事，而不要對孩子自身進行指責。

別把「餐桌」變成「審訊桌」

小學生張源的家就在學校附近，以前每到中午，他總會準時回家吃飯，下午上課前再到校。近來，他的班導發現張源總是在中午時分趴在教室睡覺。經過詢問，班導才知道了真相。張源的媽媽近來改上晚班，中午在家吃飯。一家人在一起吃飯，這本該是件好事。可張源不這麼想：「吃午餐時，媽媽會仔細打聽我的學習、考試情況，有一點不如意，媽媽就會『舊帳新帳一起算』，把我教訓一頓。」張倍源說，回家吃午餐成了比考試還可怕的一件事。「我跟媽媽撒謊，說我最近中午要補習，所以中午就在學校吃飯。我說不要她送午餐，她就每天給我午餐錢。」張源說，每天中午放學後，他都會背著書包到校外晃一圈，有想吃的零食就買一些，不想吃就乾脆餓著。

看，孩子為了不在餐桌上被罵，寧願餓肚子，這實在是父母的失職。父母在餐桌上跟孩子進行交流、說些有趣的事本是件好事，但如果把餐桌變成檢討孩子的「審訊桌」，食物再美味，孩子也是食不甘味啊。

很多父母誤認為一邊吃飯一邊「教育」孩子是一舉兩得的好時機，於是一到吃飯的時候，父母就開始問孩子的功課與成績，指出孩子的過錯，接著就開始教訓孩子，常常弄得孩子愁眉苦臉，使整頓飯籠罩在一種不愉快和緊張的氣氛之中。殊不知，這種「餐桌教育」害處實在不少。既影響孩子食欲，又會使孩子情緒低落，更嚴重的還有可能會使孩子產生心理問題。

由此可見，教育孩子一定要注意場合、選擇時機，切莫在餐桌上對孩子進行指責，即使實在需要指責一番，也必須要注意分寸，切不可一味地質問，提要求、下命令，更不可不容孩子分辯，話不投機，就動粗使用暴力。

父母與孩子用餐時要做到三個「不要」。

第一，不要恐嚇。比如孩子不願吃飯，有些父母心情急躁，大聲呵斥，這會讓孩子感到十分緊張，更抑制食欲，即使孩子勉強吃完，也因心情不好而影響消化。孩子不願吃飯原因有多種，或是吃零食多了，或玩得過於興奮了，如只是偶爾發生，父母最好予以寬容，並對他說明錯處。如時常發生，則需從根本上調整孩子的生活規律，不能簡單斥責了事。

第二，不要憶苦。有些父母喜歡在餐桌上「憶苦」——不停地陳述自己當年的環境是多麼多麼的艱苦，以此教育孩子要珍惜當前的美好生活。如此「憶苦」教育方式，尤以一些年邁長輩所常用，但是少年不知愁滋味，父母重複多了，孩子會不以為然，反會增強內心的叛逆和抵觸。

第三，不要翻舊帳。有的父母視吃飯時間為教育孩子的好時機，常指責孩子，甚至翻舊帳，然後狠狠教訓一頓，高談闊論，大講道理。

有個教育家曾經說過，好孩子是「誇」出來的。每個孩子都希望聽到父母的讚美而不是整天的批評訓斥。其實，在每天吃飯的時候，一家人應該在輕鬆自然的氣氛中，各人談各人的趣事。父母是孩子最好的老師，餐桌可以當課堂，但講述的內容要盡量多一些親情的教育與交流，父母宜講點有益的文化知識和鼓勵孩子積極向上的好人好事等。孩子在沒有壓力的情況下，往往會把學校裡的事情、自己的學習情況講給父母聽。父母可以根據孩子所講的內容，好的加以讚美，不足的加以引導。

英國家庭素有「把餐桌當成課堂」的傳統。從孩子上餐桌的第一天起，父母就開始對其進行有形或無形的「進餐教育」。這一點很重要，目的是說明孩子養成良好的用餐習慣。具備種種值得稱

道的素質或性格。

同樣，我們的父母也可以從以下幾方面對孩子進行「進餐教育」。

第一，介紹相關的飲食常識。餐桌上聊飲食，不僅增進食欲，還可擴大孩子的知識面，使孩子更容易接受相關知識的灌輸。可談的內容很廣泛，如膳食要平衡，營養要全面，應保持合理的比例；不吃過熱、過硬、難消化或刺激性強的食物；不反覆食用單一食物；不吃腐壞變質的食物等。真正讓孩子吃出健康，吃出學問，吃出樂趣。

第二，鼓勵孩子自己進餐。孩子到一定年齡，就會開始喜歡獨立用餐具吃飯，這標誌著他對「人格獨立」的嚮往，父母應給予充分的鼓勵和支持。

第三，鼓勵孩子全面攝取營養。從小教育孩子不要挑食、偏食，否則會影響他們對營養的全面攝入和吸收，一味地遷就孩子任性的飲食喜好，還會使他養成自私、缺乏自控力等缺點。

第四，教育孩子養成節約的習慣。讓孩子知道飯菜來之不易，應該節約糧食，如酌量添飯，食物不要咬了一口就丟掉等。

第五，教育孩子得體的用餐禮儀。飯前飯後讓孩子幫忙做點力所能及的家務，如在餐前餐後幫忙收拾餐具等，既可以減輕父母的負擔，又增強了孩子的勞動意識。同時，教育他們尊敬長輩和客人，等大家都坐下了，才可以動筷子；好吃的東西要先考慮到別人，不能全都夾到自己的碗裡；自己先吃完了，離桌前要招呼其他吃飯的客人慢慢吃。

孩子是純潔的，餐桌是濃縮的，希望父母能正確利用餐桌這個方寸之地的小課堂，對孩子少一分指責，多一些鼓勵。

不要當眾訓斥孩子

父母當眾教子是一種很常見的現象，有句諺語是「人前教子，背後教妻」，很多人覺得當眾教育孩子，會刺激他們的自尊心，在公眾的關注下，孩子會更加注意樹立自己「聽話、懂事、乖巧」的形象，所以很多家長認為，人愈多的時候愈是教育孩子的良好時機。其實未必盡然，自尊心的強烈維護和徹底放棄之間只有一步差距，如果家長把握不好這個教育的尺度和方法，也許反而會促使孩子產生與家長對立的心理，對孩子的身心健康成長很不利。

有位母親在日記裡記述了這樣的一件事。

「公車進站後，一位年輕的媽媽帶著五六歲大的女孩走上公車，隨著公車啟動，女孩站在車上顯得十分吃力。這時，旁邊座位上一位九歲的男孩站了起來，主動邀請站立的女孩和自己同坐。男孩的做法讓我十分欣賞，我想男孩平時的家教肯定很好。然而幾分鐘後，男孩的父親走了過來，當得知男孩主動讓座位，便大聲訓斥起來：「瞧你這副樣子，真是的，既然不願意坐，那就站著……」男子把男孩從座位上喊了起來。面對父親的訓斥，男孩解釋說因為女孩比他年齡更小，所以他才讓兩人一起坐。

這位父親可能是為了愛護孩子，擔心兩個人擠在一起不舒服，所以才對男孩進行指責，但家長對於孩子的愛護也應注意方式和方法，在大庭廣眾下進行訓斥會損害孩子做善事的積極性。

英國哲學家約翰・洛克（John Locke）說過：「父母不宣揚子女的過錯，則子女對自己的名譽就更加看重。他們覺得自己是有名譽的人，因而更會小心地維護別人對自己的好評。若是當眾宣布他們的過失，使其無地自容，他們愈是覺得自己的名譽已經受到了打擊，設法維護別人好評的心

理也就愈淡薄。」可見，當著別人的面批評教育子女的方法不足取。如果孩子一有過失，家長就公開宣揚出去，使孩子當眾出醜，其結果只會加深孩子遭到訓斥的印象，感到自己在眾人面前丟了面子，因而變得自卑，產生叛逆心理。

在玩具店、甜品店、遊樂園裡經常會看見號啕大哭的孩子，還有一旁怒目而視的家長，他們一邊呵斥，還一邊指著周圍對孩子凶道：「你看看，這麼多人看著你哭，你好意思嗎？」、「你看那邊有一個和你一樣大的小孩，人家都不哭不鬧，多聽媽媽的話，你看看你們差距有多大。」家長往往覺得當著外人的面會是教育的好時機，借助小孩子的自尊心讓他自我糾正錯誤舉止，出發點倒是很理想，但是收效一定甚微。

父母要意識到無論對孩子的讚美與批評都是一種情感互動，父母的教育方法太強勢，往往導致孩子沒出息；父母心情太粗暴，往往導致孩子性情也狂躁。父母讚美孩子可以當眾進行，甚至可以隆重地進行，但是批評就需要謹慎，不妨用私下的、悄悄的、溫和一些的方式。教育孩子最重要的是要尊重他的人格尊嚴，要保護孩子的心靈，做不到這一點，就沒有真正的教育意義可言。

西方人很少當眾斥責打罵孩子，但他們也很難忍受孩子當眾哭鬧等帶來的尷尬，為避免這種難堪，他們在平時就有意培養孩子在公共場所的自我控制能力。其中，事先預防是關鍵，外出前先告訴孩子，這趟外出的目的是什麼，讓他們知道會發生什麼事。出門前，也要先跟孩子說好規則，確定他們都明白，並問他們是否能遵守。到了外面，這些規則也許不一定奏效，但大人會耐心地提醒與糾正，直到小孩遵守。

即使孩子犯了什麼錯或是做了什麼糟糕的事情，也不能當眾讓其難堪，如果非要教育一番，也應該把孩子帶回家，當眾責罵、毆打，往往不能產生好的效果，有時後果甚至很嚴重。

十四歲的倩倩，其父母長期在外工作，倩倩的日常生活由六十歲左右的奶奶照顧。這天，奶奶讓孫女到自家的菜園去摘菜，可過了半天仍不見孫女回來。奶奶沿路尋找，看見倩倩正與同學在菜園裡玩耍，一氣之下，便訓斥倩倩太任性：「妳怎麼是這樣的人呀，不聽大人的話，趕快做作業去。」

被奶奶當眾訓斥，讓倩倩感覺在同學面前很沒面子，轉身回家後，她打包行李，賭氣似地離家出走了。

奶奶發現孫女不見後，趕緊出動親友外出四處尋找。苦尋數日無果，心急如焚的奶奶撥通了報警專線。過了三天，警察終於在一家網咖裡找到了倩倩。

有智慧的家長，不會當眾對孩子嚴詞斥責；有智慧的家長，能夠時刻意識到教育孩子不能追求立竿見影的效果；有智慧的家長，能夠和孩子成為知心朋友。

別對孩子非打即罵

張華的父親十分嚴格，對張華經常非打即罵。這天，張華為了去網咖而忘了學習，他的父親氣不打一處來，上前扯住孩子，左臉一巴掌，右臉一巴掌，接著用腳狠踢，孩子掙扎爬起來，父親又將其踢倒，如此反覆多次。圍觀者甚多，都紛紛勸阻，可父親不但不聽，打得反而更起勁，還破口大罵起來：「你再去網咖我就打死你！」張華這下子也生氣了，不顧一切地撿起路邊的磚頭向父親砸去……

到了晚上，父親發現張華沒有回家，接下來的幾天也沒有蹤影，這下子可把他急壞了，到處打聽孩子的下落。就在大家一籌莫展的時候，家裡接到了派出所的電話，原來張華因仇恨父親離家出走後，身無分文的他在飢寒交迫下只好偷竊糧食，被民眾逮個正著。到這時，父親追悔莫及。

由此可見，打罵只會事與願違，孩子愈打愈不聽話，愈打愈要強，說謊、離家出走、打架等「意外」現象更是層出不窮。國外行為學專家研究發現，一見孩子犯錯誤就大發雷霆，大聲訓斥，甚至打罵，這樣重複下去，孩子對訓斥的適應能力就會逐漸提高，天長日久，孩子就會對一般的訓斥持無所謂的態度。

英國著名的哲學家約翰・洛克（John Locke）早在三百年前就提出要尊重孩子，要精心愛護和培養孩子的榮譽感和自尊心，反對打罵孩子。他斷言：「打罵式的管教，其所養成的只會是『奴隸式』的孩子。」

望子成龍、望女成鳳，是家長們的普遍願望。但是，由於他們教育「失控」、「失度」，有意或無意中採取了打罵的教育方式，結果事與願違。某教育專家在總結家庭教育時認為，打罵教育是傳統家庭制度的弊病，會對青少年身心造成嚴重摧殘；打罵教育，也是一種畸形的家庭教育方式，不僅不會使孩子成才，而且還有可能釀成家庭悲劇。

生活中，很多事例表明，粗暴的教育方法，不但達不到家長教育的目的，而且會使孩子形成各種心理問題，而這，往往會成為孩子日後有不良行為、甚至走上犯罪道路的根源。

打罵不是教育孩子的好方法。要遏止打罵孩子的現象，必須充分認識到打罵孩子的危害。

第一，會造成嚴重的親子隔閡。孩子遭到打罵的時候，沒有心裡舒坦的。皮肉之苦，使他們產生怨恨、逆反、畏懼等心理。打的結果，孩子與家長之間的親情日益淡漠，隔閡愈來愈深，個別孩子甚至會產生報復心理。

第二，會造成悲觀厭世情緒。每個孩子都有自尊，希望得到別人包括家長的尊重，而別人的尊重、信任，會使孩子產生自信，這是他們前進的重要動力。經常挨打的孩子，自尊心受到損害，變得自卑，極容易走上自暴自棄之路。家長本是孩子最親近的人，經常遭家長的打罵，孩子會感到人世間沒有溫暖，活著沒有意思，於是悲觀厭世。現實中，由於遭受家長打罵，出走者有之，自殺者有之，造成的家庭痛苦是難以言狀的。

第三，促使孩子陷入孤獨的深淵。經常慘遭毆打的孩子，會感到孤獨無援。尤其是家長當眾毆打孩子，會使孩子的自尊心受到傷害，往往會懷疑自己的能力，會自感「低人一等」，顯得比較壓抑、沉默，認為老師和小朋友都看不起自己，從而抬不起頭來。於是這種孩子往往不願意與家長和老師交流，不願意和小朋友一起玩，性格上顯得孤僻。

第四，導致孩子說謊。有的家長一旦發現孩子做錯事就打罵。為了逃避打罵，孩子往往被迫違心地說謊，瞞得過就瞞，騙得過就騙，因為騙過一次，就可減少一次皮肉之苦。但是孩子說的謊，往往站不住腳，容易被家長發現。為了懲罰孩子說謊，家長態度更加強硬。為了避免再被家長毆打，孩子下一次做錯事更要說謊，這樣就構成了惡性循環。

第五，造成孩子人格畸形。從心理學角度講，家長粗暴高壓，會導致本來性格倔強的孩子產生抵抗意識、對立情緒，進而變得性情暴躁，行為粗野，甚至形成攻擊型人格，對別人施暴，難以建立良好的人際關係；而性格怯懦的孩子，會產生嚴重的畏懼心理，表現出軟弱的順從意識，進而形成猥瑣、膽小怕事的性格等，這樣的後果，將影響孩子的整個人生。

總之，打罵不是教育孩子的好方法。「棍棒底下出孝子」這句話，實際上是按家長的意志來改變孩子的行為，會傷害孩子的身心。成功的家長應該是懂得拒絕打罵和暴力的家長，應該是能夠為孩子的成長創造快樂天空的家長。

要威嚴但絕不要嚴厲

在我們的生活中，還有很多家長誤認為教育孩子必須嚴厲。好像家長的態度不嚴厲、措辭不強硬，孩子就不會聽話一樣。久而久之，家長就形成這樣的口頭禪「你今天必須」「你要」「你應該」「你不許」等。這種做法，不僅束縛了孩子的「手腳」，讓孩子不能真正發揮自己的才能，還會把孩子培養成一隻「軟柿子」。

心理學實踐證明，存在心理問題的孩子，大多是因為父母採取了「單向教育」的方式。他們在教育孩子的時候，擁有著絕對的權威，遵從嚴厲的原則，認為如果態度太過溫和則達不到教育的目的。家長的出發點是好的，這種方式卻惡化了親子關係，還讓孩子喪失了安全感和歸屬感，從而影響孩子的身心健康和個性的健全發展。

第一，嚴厲會讓孩子變得懦弱。

自從小玉懂事起，她不敢到公眾場合玩耍，也不願與其他小朋友交往。家中父母的好友來訪，她也躲開不肯相見，常常獨自與玩具作伴。

到了上托兒所的年齡，小玉說什麼也不肯去，上學的路上常常大哭大鬧，到學校後則一人躲在角落裡，不參加集體活動，生活也顯得被動。

上小學後，小玉與老師、同學接觸顯得緊張、不自然，甚至感到很彆扭。她不敢和陌生人說話，不敢和別人目光對視，更不能在他人的注視下學習，甚至不敢獨自在外上廁所。

小玉的父母很著急，帶著她去找心理醫生，醫生詢問他們在家是如何教育孩子的，他們和盤托出，坦承從小就對小玉嚴格管教，他們遵奉「打是親罵是愛，不打不罵是禍害」、「樹不修不成料，兒不打不成才」的教子原則。醫生聽後頻頻搖頭，指出小玉的癥結就出在父母嚴厲的家庭教育上。

小玉的膽小怕事，是一種實實在在的社交恐懼症。究其根源，是父母對孩子宣洩不良情緒、粗暴干涉孩子心靈自由發展的後果。孩子心靈的健康成長需要五大自由，看、聽、感受、幻想以及情緒的釋放，但許多父母總喜歡用自己的判斷去取代孩子的判斷，不給孩子思考和決策的自由，也不允許孩子表達自然的情緒。被管得太多、太嚴了，孩子的心理防禦系統開始啟動，他們覺得自己總是犯錯、不如別人，慢慢變得自卑、怯於嘗試，進而脫離社會生活，形成社交恐懼。

第二，嚴厲會導致孩子出現強迫症。

這天，某青少年研究會心理諮詢師接待了一位高中生的來訪，她表示自己洗一次手就要花兩個小時；拒絕食用被人觸摸過，帶有「細菌」的東西；現今體重三十五公斤，卻還嫌自己過胖……諮詢師說，這是典型的強迫症狀。

「父親對我的期望很高，他希望自己的女兒比任何人都強。」這位高中生說，從她小時候開始，父親對她的學習、生活都要求達到完美。有一次，她考了班裡第一名，但父親責怪她為什麼和第二名沒有拉開太大的距離。因為頂嘴，脾氣暴躁的父親動手打了她。在這樣的環境中，逐漸地，她順從了父親的意思去努力學習，達到父親期望的高度，同時，按照父親設定的標準來要求自己。

有些父母對孩子的希望值很高，實施了嚴格的家庭教育，在家庭環境的影響下，這些孩子也對自己有著較高的要求。問題是，孩子一旦經歷了某些挫折，就容易出現無法接受事實的心態，從而會逐漸出現強迫思維等症狀。專家建議：在生活中，父母應多給予孩子一些鼓勵，教育孩子要有戰勝自我的信心，而不要因為孩子們達不到父母的高要求總是打擊他們。

第三，嚴厲會導致孩子產生厭世情緒。

小柯的成績經常名列班級前茅，各種比賽也經常奪獎，可近半個月來，她舉止異常，上課心不在焉，說話更是語無倫次。有一天，他竟然對老師說：「活著真沒意思。」老師家訪後發現，由於小柯父母家教太嚴，對孩子總是採取否定式的教育方式，小柯已經出現心理疾病的徵兆了。

小柯的家長「望子成龍」心切，期望值過高，要求過嚴，違背了孩子自身的發展規律。導致了小柯對生活感到失望，更對人生感到厭惡，才終於有了「死」的念頭。由此來看，要使教育獲得成功，就要全面了解孩子身心發展的實際水準，遵循孩子生理和心理的發展規律。

父母總希望孩子規規矩矩、百依百順，孩子稍一調皮就不能容忍，往往是管得過死，限制過多，把孩子的創造力扼殺。其實調皮、好動是兒童的天性，也是創造力發展的幼芽，只要不出大格，不要限制太多。什麼都看著大人的眼色行事、唯唯諾諾的孩子，將來注定是個沒出息的孩子。

所以，家長不要對孩子過度嚴厲，應與孩子建立平等的談話模式，從而樹立起自己的威信，這才是管好孩子的絕佳方法。

別只看著孩子的缺點

每個孩子在成長的過程中，其心靈都是敏感而脆弱的，他們自我意識的產生完全依賴於家長和老師對他們的評價。孩子得到的鼓勵、喝彩和掌聲愈多，他們對自己的信心就愈充足，表現出來的能力就愈強，就愈能向著良好的方向發展；相反，成人給予孩子的評價愈低、批評愈多，他們對自己的信心就愈低，表現就愈差……作為家長，應該認識到孩子的這一心理特點、心理需求，多讚美、讚美，少批評、指責孩子。因為，如果一個家長只顧盯著孩子的缺點，批評孩子的缺點，只會導致孩子膽小懦弱，不求上進。

然而，在很多家庭中，有缺點的孩子被呵斥與責罵是家常便飯，因為父母認為，只有指出孩子的缺點才能讓孩子獲得進步，指出孩子的缺點完全是為了孩子好。豈不知，幾乎百分之百的孩子認為，大人們這些無休止的嘮叨與責罵，簡直就是黑暗統治，特別是對一些有缺點的孩子，更是一場災難。

孩子在成長的過程中，有很大的發展空間，他的性格、行為具有不確定性。哪怕他有什麼缺點，也可以慢慢改正。而且並沒有哪個孩子真正一無是處，他的身上也肯定有不少已存在的沒有顯露出來的優點。而父母的眼光只盯著孩子的缺點，老是在這上面大做文章，那麼他的缺點永遠無法改正，並且好的一面也會漸漸被掩蓋下去，得不到發展。父母們可能不知道，總盯著孩子的缺點沒完沒了地嘮叨與責罵，會徹底擊垮孩子的自信，會促使孩子變得膽小怕事，一蹶不振。

小林拿著九十三分的數學考卷，興致高昂地跑進家門，他拿著手中的考卷得意地對媽媽說：「媽，你看，這次數學考試，我考了九十三分那！」

媽媽接過考卷，把那些做錯的題目找了出來，仔細地看了看，然後對孩子說：「又粗心了吧，

考試前我跟你講，做完了一定要檢查檢查，從頭到尾再看一遍，你就是不聽，要是認真檢查一下，怎麼會只有九十三分？」

小林一聽到這句話，眼淚在眼眶裡打轉，他不明白，為什麼媽媽只看到錯誤，卻看不到他的進步呢？為什麼媽媽一句讚美的話都吝於說呢？於是，他搶過考卷，一轉身衝進了自己的房間，鎖上了房門，任媽媽怎麼叫他都不出來！

小林媽媽這種企圖用批評和糾正的方法迫使孩子改正缺點的做法顯然是不明智的。這樣做只會傷了孩子的自尊，讓孩子愈來愈沒有信心，愈來愈膽小和自卑。當他們對家長過於嚴厲的行為愈來愈反感時，叛逆心理就產生了。

其實，缺點再多、毛病再多的孩子身上都會有自己的優點，有自己閃光的地方，只不過是不太顯著、突出而已。如果父母不抱成見，用賞識的眼光去看待，肯定會發現孩子身上有很多優點。孩子也許貪玩一點，但是頭腦靈活，能說會道；也許話不多，但是成績非常好，而且心地善良；也許有點任性，但是做事很有主見……只要你善於發現，就一定能看到他身上值得肯定的地方。父母應該做的，就是善於挖掘孩子閃亮的一面，並且給予真誠的讚美，肯定他的優點。誇獎優點是糾正孩子缺點，培養孩子勇敢自信的最好方法。

當今社會是競爭的社會，一個有個性，自信而勇敢的孩子才是這個社會所需要的人才。一個出色的家長，必然能夠發現自己的孩子與其他孩子的不同之處，並找到他的閃亮點，使其發揚光大。

正如一位兒童心理學家曾經說過的：「世界上沒有教育不好的孩子，只有不懂教育孩子的父母。」這句話告訴我們，孩子有缺點是必然的，只要父母掌握了正確的、符合科學要求的教育方法，就能把孩子教育好，使孩子成為一個勇敢、自信的人！

幫孩子把缺點轉化為優點

當孩子犯錯時，做家長的，與其揪住孩子的缺點和毛病不放，不如多下些工夫，多發現孩子的優點與長處，並加以讚美與肯定。用肯定優點的方法去糾正缺點，逐步將他們引導到積極上進的道路。

張先生有一個八歲的小孩，聰明活潑，只是比較貪玩，每天放學後總要先去玩耍，直到玩得滿頭大汗才去做作業，作業也寫得特別潦草，常常出錯。張先生為此很生氣，幾乎天天批評他，可孩子總也改正不了貪玩的毛病。

有一次，在其他縣市擔任教授的姑姑來了，姑姑看見這孩子和其他小朋友玩得很開心，趁他回家拿玩具的時間，邊替他擦汗邊對他說：「你跟朋友們玩得真不錯，也知道讓著別人，真是個好孩子。但你能不能先和朋友們一起做完作業再玩？做完作業再玩，不是玩得更開心嗎？」孩子很懂事地點點頭。從那以後，這孩子每天總是先做完作業，然後再去玩。

為什麼這樣教育孩子就很有效呢？是因為姑姑發現並掌握了孩子能夠團結人群，懂得謙讓這一積極因素，給予充分讚美，使之受到了激勵，然後，加以引導，最終讓孩子改掉了壞習慣。完美無缺的人是不存在的，孩子有缺點是正常現象。父母既不應對此放任不管，更不要如臨大敵。高明的父母可以把有缺點的孩子最終轉變為優秀的人。所謂「數子十過，不如獎子一長。」這個原則對於任何孩子都是適用的，對那些表現不太好的孩子來說，尤其要少批評，多讚美，用正確的方法，把孩子的缺點慢慢地轉化為優點。

那麼，怎麼才能變孩子的缺點為優點呢？大家不妨試試下面幾招。

第一，正確認識孩子的優缺點。今天，有許多父母溺愛自己的孩子已經到了無以復加的地步，不論自己的孩子做什麼，他們都覺得可愛。

第二，因勢利導。大多數孩子都存在撒謊的問題。在某種程度上說，善於撒謊的孩子有頭腦、有思想、有獨立解決和處理事情的能力。看到這個優勢，家長就要根據孩子的撒謊頻率、事情的嚴重程度，對孩子進行引導。

第三，對症下藥。就是針對孩子缺點的類型，以不同的教育方式進行引導。

第四，少批評，多讚美、鼓勵。這個原則對於任何孩子都是適用的。對那些表現不太好的孩子來說，尤其要少批評，多激勵。

第五，教育孩子糾正錯誤的方法。要想幫孩子把缺點轉化為優點，家長就應該教導孩子，糾正其錯誤的方法。

孩子的缺點並不可怕，但把孩子的缺點轉化為優點也不是每一位父母輕而易舉就可做到的事。我們必須有充分的責任感，要善於正確看待和認識孩子的優缺點，還要掌握符合自己孩子特點的正確的教育方法，這樣我們才能成為開明且擁有智慧的父母，我們將孩子的缺點轉化為優點的心願才會成功。

馬上停止對孩子的嘮叨

沒有人願意沒完沒了聽同樣的話。父母對孩子的教育，不能反覆嘮叨，只會令孩子心煩，結果無論再說什麼，孩子都不會聽進去，根據一份心理學調查報告指出，一個人若長期重複聽同樣的聲音會產生一種心理的不在乎，甚至產生強烈的反叛心理。

一位母親經常「偷襲」孩子的房間，檢查孩子是否在認真做作業。如果發現孩子做別的事情或做作業精力不集中，會說同一句話：「還敢休息啊？」

有一次，母親又走進了孩子的房間，孩子正在剪紙。母親擔心孩子貪玩耽誤了寫作業，就說了一句「怎麼還在玩啊？」孩子突然著急起來，說：「妳就知道冤枉我，我的作業早已完成，剪紙也是老師指定的作業，難道不對嗎？」看著孩子委屈的樣子，母親對孩子陪笑，說自己是因為害怕她沒有完成作業，沒有辦法準時繳交。孩子說：「我現在已經懂得如何完成作業了，請不要把我當做一個不懂事的孩子了，不要老是囉囉唆唆。」母親這時才明白過來，作為一名家長，她對於孩子的要求太苛刻了，總害怕孩子不好好做作業，不合理支配時間，影響了學習，卻忘記了作為一名家長，更應該懂得如何理解、信任孩子。

從這個事例可以得知，「家長意識」有時候是一種「長官意志」，對孩子是一種無形的壓力。其實，父母應該大膽放手讓孩子自己支配時間、做事情，在這個過程中，孩子需要的不是父母的嘮叨，而是父母的指導。指導是親切的，是言簡意賅的，指導的結果是孩子情緒穩定，心情愉快；而嘮叨則往往會有責怪、警告的成分。嘮叨的結果會形成孩子行為惰性，使孩子厭倦、反感、苦悶。

有父母抱怨：「孩子就是不聽話，我都說過起碼十遍了，可他就是聽不進去，依然我行我素。」

有什麼事值得嘮叨「不下十遍」，同一句話在孩子耳邊繞來繞去，孩子哪有不煩的呢？這時孩子不聽話，往往是因為叛逆心理在作怪。

有什麼方法可以幫助家長們避免對孩子無謂地嘮叨呢？

第一，學會等待。一些家長有這樣一種心理，自己說一句話，希望孩子馬上就言聽計從；自己提出一個目標，希望孩子一下子就能達到。可是我們不要忘了，孩子就是孩子，他的心智和能力並沒有發展到那麼成熟的地步，一些事情他可能還沒有理解，一些事情他可能還不知道怎麼去做，一些事情他可能還會常常出錯。因此，做家長的必須要學會等待，要克制住自己的急躁情緒，給孩子一定的時間去轉變，允許孩子有所反復。孩子的成長是需要一個過程的，不管是生活自理能力的提高，良好習慣的養成，還是文化知識的累積，都需要時間的歷練，而且這個時間不會因為有家長的「嘮叨」就會縮短。

第二，只說一遍。家長如果想讓孩子做什麼事，應當選擇恰當的時機，然後和孩子面對面坐下來，嚴肅認真地與孩子談。家長可以明白地告訴孩子：「你聽好了，我只說一遍。」在對孩子說的時候，一定要凸顯重點，挑選「有分量」的話，不要對孩子反反復複地嘮叨個沒完。如果你對孩子沒有把握，可以再讓他解釋一下其中的要點。即使是在糾正孩子的錯誤時，家長也不要喋喋不休地數落和教訓孩子，凡事點到為止，只要孩子能夠認錯並願意改正就可以了，要知道，嘮叨在大多數時候是不動聽的，說多了反而起不到好的效果。

第三，就事論事。是孩子就都會犯錯，當孩子犯錯誤時，有的家長總喜歡翻孩子舊賬，把孩子的種種「惡行」全部數落一遍，愈說愈氣，愈氣說愈多。其實，孩子在生活中犯一些錯是正常的，孩子就是在不斷地改正錯誤的過程中成長起來的。對於孩子犯的錯誤，家長應當就事論事，聯想太豐富了只能讓孩子覺得你太煩人。

第四，抓大放小。孩子在成長的過程中會有許多事情需要大人操心，但有些事情是無關緊要的，有些事情也許並沒有成人想像的那麼嚴重。家長教育孩子時可以讓自己放鬆一點，對於孩子生活中的一些瑣碎小事，放手讓他自己去做，如果總是一而再再而三地去提醒，孩子當然會嫌你嘮叨。家長應當學會把最主要的精力放在重要的事情上，照顧孩子最核心的需求，比如孩子的人生態度、價值觀、未來志向、學習習慣、學習方法，等等，這樣一來，不但家長自己輕鬆了許多，孩子也會自然與你更親近，也會自然更聽你的話。

儘管父母的嘮叨包含了很多的關懷與呵護，但也意味著不放心與不信任。父母對孩子的教育，應該點到為止，當孩子隨著歲月漸長漸大，有了更強的自理能力，還是盡量減少一些命令式的口吻吧。

讓孩子自己來承擔責任

在教育孩子的時候，父母一定要讓孩子明白，每個人都應該為自己的行為負責。責任心是孩子做人、成長的基礎，沒有責任心的孩子難以成才。現在有些父母不太重視培養孩子的責任心，當孩子遇到一些困難的時候，總想著替孩子承擔。

美國作家丹尼斯・韋特利（Denis E. Waitley）告誡天下的父母，父母最需要給予孩子的不是金錢而是教會他們如何正確地生活、負責任地工作。這位博士認為，給孩子再多的物質財富，多年

以後他們未必能記得，反倒會滋生其「坐享其成」的人生觀念。只有讓孩子從小就具有責任意識，將來他才會成為一個對自己的行為負責和對團體、社會盡職的人。

日本著名的文化人類學學者高橋敷先生，當年在祕魯的一所大學任客座教授時，曾與一對來自美國的教授夫婦比鄰而居。一天，這對夫婦十二歲的小兒子，不小心將足球踢到了高橋敷先生的門上，一塊玻璃被砸得粉碎。

雖然發生了這樣令人不愉快的事情，但高橋敷先生和他的夫人還是很寬容。按照東方人的思想，他們估計那對美國夫婦會登門道歉。然而，他們想錯了。第二天一大早，那個闖禍的十二歲男孩在一位計程車司機的幫助下，送來了一塊用於賠償的大玻璃。

小傢伙見到高橋敷先生，彬彬有禮地說：「叔叔，對不起。昨天我不留神打碎了您家的玻璃，因為放學之後商店已經關門了，所以沒能及時賠償。今天商店一開門，我就去買了這塊玻璃來賠償您。請您收下這塊玻璃，也希望您能原諒我。以後我會小心的，這種事情再也不會發生了，請您相信我。」

高橋敷夫婦不僅原諒，而且喜歡上了這個通情達理的孩子。他們在家招待孩子吃了早餐，而且還送給他一袋糖果。事情本來可以就此畫上句號了。然而，出人意料的是，當孩子拿著糖果回家之後，那對美國教授夫婦卻出面了，他們將那袋還沒有開封的糖果客氣地還給了高橋敷夫婦，並且解釋了不能接受的理由。一個孩子在闖禍的時候，是不應該得到獎勵的。

美國教授夫婦的做法，讓人覺得有點不近情理，但又合情合理。如果這件事發生在我們孩子及父母身上，或許更多的是這樣處理，父母很虔誠地帶著孩子道歉，或者孩子任性得不肯出面，而讓父母代罪……即使出現了善教育的父母，等孩子高高興興帶上糖果回來時，父母也一般不會讓「道歉」重演。「好漢做事好漢當」，孩子做了損害別人利益的事，理應讓他自己向人家道歉、賠償損失，這樣做是為了讓孩子從小就體驗自己的責任。

作為家長，對孩子最大的教育責任就是要告訴孩子懂得人活在世上要承擔責任，要有社會責任感，要對自己負責任，無論是讀書還是工作，無論生活貧困還是富裕，都要讓孩子有一顆負責任的心。如果孩子從小就不喜歡勞動，不肯幹苦活，好吃懶做，貪心十足，那將來一定是家長的災難；如果家長只是溺愛孩子，只要孩子學習成績好，其他什麼都無所謂，那將來家長也一定會受到懲罰。父母教育孩子負責任應以身作則，如果家長自己整天也是好吃懶做，下班後就在家喝酒，那樣對孩子的成長將是毀滅性的損害。勇於承擔責任，富有強烈的社會責任感，應當從父母自身開始，為孩子們樹立永久的榜樣。

讓孩子自己來承擔責任

在日常生活中，父母應這樣培養孩子的責任心。

第一，以肯定的方式來樹立孩子的責任感。如果孩子突然對打掃產生興趣，儘管最初的興趣可能完全源於有趣、好玩。但父母可以支持孩子的這一興趣，對他的行為予以讚美，激發他的自豪感，並引導其慢慢形成習慣，天長日久，孩子就會自然而然地把這項事務看成一種責任。

第二，父母在家中要為孩子樹立好的榜樣。父母在孩子面前，首先要做一個勇於承擔責任的人。「言必行，行必果。」父母以身作則，這樣才能有威信要求孩子負責任，才能讓孩子有模仿對象。

第三，**要求孩子做事有始有終**。良好的責任感是要靠堅強的意志力和持之以恆的態度來維持的，而這恰恰是許多孩子所缺失的。孩子好奇心很強，興趣愛好很廣泛，但是缺乏意志力、自制力，遇到一點困難和挫折就打退堂鼓，不願意再堅持下去。這是孩子在成長中的問題，而非孩子沒有責任感。因此，為了增強孩子的責任感，父母平時就應當注意培養孩子做事有始有終、負責到底的良好習慣。

第四，讓孩子自己記下要做的事情，學會對自己的事情負責。

小孔家要求每個人洗澡後把換下的衣服放進洗衣機，可六歲的小孔經常忘記，媽媽讓他用本子記下洗澡後該做什麼事，提醒自己不要忘記。從此以後，小孔再也沒有忘記把髒衣服放進洗衣機，他為自己的進步感到自豪。

可見，當要孩子記住做某事時，與其大人經常提醒，還不如讓孩子自己記下要做的事情，這樣孩子可以慢慢地學會對自己的行為負責。孩子只有學會了對自己的事情負責，才能逐步地發展為對家庭、對他人、對集體、對社會負責。

第五，從勤儉節約的教育中培養孩子艱苦奮鬥的責任感。當今的孩子絕大多數浪費嚴重，如飯桌上孩子碗中的剩飯剩菜隨意倒掉，還理直氣壯地號稱「我吃飽啦。」、「不要強人所難。」等等，穿衣講究品牌，要吃好的、穿好的，花錢更是毫不節約，動不動就是好幾千塊錢。這種生活中的「小事」，在孩子生活中比比皆是。因此，父母可用警句道理來教育孩子，讓孩子懂得珍惜糧食，愛惜勞動成果。此外，父母還要教育孩子不要亂花壓歲錢，引導孩子將壓歲錢做積蓄，或指導孩子用壓歲錢購買必要的學習用品。不要沾染追求高檔，講究豪華、奢侈浪費的壞習氣，讓孩子從小樹立勤儉節約、艱苦奮鬥的良好作風。

第六，讓孩子對自己某些行為造成的不良後果設法補救。如孩子損壞了別人的玩具，一定要讓孩子買了還給人家，也許對方會認為損壞的玩具沒多少錢，或認為小孩子損壞玩具是常有的事，或者不好意思收下孩子的賠償，但家長應堅持讓孩子給予對方補償，這樣可以讓孩子知道，誰造成不良後果，就該由誰負責。

第七，讓孩子在挫折中學會承擔。孩子處於成長之中，對一些事情表現出沒有責任感也是正常的，因為許多時候他不知道責任是什麼，所以為了培養孩子的責任感，家長可以適當地讓孩子體會一下辦事不負責任的後果，教孩子如何去面對並接受這次失敗的教訓，從中獲得成長經驗。如孩子在學校違規受罰，一定要支持老師的做法，不要想方設法去替孩子解圍。孩子接受了懲罰的後果，同時承擔能力也就增強了。

總之，責任感並不是與生俱來的，它需要在長年累月的生活中逐漸培養。無論在何時、何地，父母都要學會在點點滴滴的小事中培養孩子的責任感，讓孩子充當一些有意義的角色，使他們感到自己的行為對集體所產生的重要性，增強孩子的責任感。這樣，孩子才會變得愈來愈有責任心！

有了責任感，孩子才會關注生活的點點滴滴，去做自己該做的事；有了責任感，孩子才會時刻準備著伸出一雙援助之手，展現自己的愛心和力量；有了責任感，孩子才會將個人融入到社會中，充分發揮個人的才幹，成就自己將來的人生之輝煌。

過多干涉會束縛孩子手腳

生活中，有很多這樣的家長，他們怕孩子這樣，怕孩子那樣，總覺得自己是過來人，經驗比較豐富，為了讓孩子少走彎路，他們總喜歡按照自己的想法要求孩子，讓孩子照自己的意見去做事情，這也限制，那也約束。孩子的事，總是大人說了算。

家長們在把自己的經驗、價值觀灌輸給孩子的時候，沒有想到他們正在壓抑的是孩子的天性。其結果是把孩子的手腳和頭腦束縛了起來，對孩子的自身體驗進行剝奪，使孩子失去了獨立性。

一個長期生活在家長的「強迫」與「約束」中的孩子，主動進取精神差，對學習毫無興趣，他們總覺得自己是為父母學習的，所以對學習的態度非常被動！這樣的孩子，是很難取得優秀的成績，更不可能有很大的發展。

有這樣一個故事。

有一個從小就被愛包圍著的孩子。從他出生以後，家裡人就一直圍著他轉，他要星星的話，家長不但會幫他「摘」下星星來，同時還會「帶」上月亮。當他想喝水的時候，爺爺、奶奶和媽媽就跑過來為他「服務」。爺爺、奶奶還說：「寶貝呀！以後拿水跟我們說就可以了，別自己拿！」直到他上了高中，還是過著衣來伸手、飯來張口的日子。

他想出去玩，家裡的大人都不肯，說怕他有危險。

他在學校念書，爸爸動用關係，讓學校的老師多照顧他！

他要出去跟朋友玩，爸爸媽媽出來干涉，說人家不是好孩子，叫他不要跟那些朋友玩！

總之，家長們對他關懷備至，照顧得體貼入微！可是，這個孩子並不領情，在他看來，他的人生都是家長們安排的，一點意義都沒有！為此，他特別羨慕自己的那些同學。希望自己也能像他們一樣自由！

現在，他已經是高中三年級的學生了，準備要參加學測。但他心灰意冷，學習沒有動力，心情壓抑，他總覺得同學們都用瞧不起的目光看他！

也許，愛他的家長們並不知道，正是自己這種過分「干涉」的愛，毀掉了孩子對自己的所有信心，使得孩子像馬戲團的猴子一樣，在成長的過程中受到了限制。只不過，這個限制不是麻繩的捆綁，而是家長和家庭的約束而已。但這種限制的後果會難以想像的嚴重，因為被束縛的不止是孩子的身體，更是孩子的心靈。

過多干涉會束縛孩子手腳

其實，能力是需要靠實踐培養的，是需要機會鍛鍊的。如果平時孩子所有的事情都被家長包辦、代替，甚至干涉，那麼，孩子哪裡還有自己做事情的信心與勇氣呢？作為家長，我們一定要知道，孩子是有思想的個體，是獨立的人，他們需要在寬鬆的環境裡才能健康地成長起來。干涉太多，只會讓孩子失去自我，失去獨立的人格與健康的心理，這對孩子的成長與發展是十分不利的！

此外，過分干涉孩子，還可能讓孩子產生叛逆心理，與家長起衝突，有些孩子甚至會自暴自棄以刺激父母，為家庭和社會埋下隱患甚至帶來傷害。這裡就有這麼一個故事——

宇航是某國中的國三學生，他從小就是一個懂事的孩子，性格也很隨和，很樂於助人，每到週六日，就主動到爺爺、奶奶家幫忙。

可是，自從上國二以後，宇航和父母，尤其是和母親的關係日趨緊張，經常為了一點小事吵架。有幾次吵得太厲害，索性離家出走，兩三天都不回家。這到底是為什麼呢？宇航的母親非常擔心，所以就帶宇航去看心理醫生。

心理醫生與宇航交流後才知道，原來，宇航的母親是一個「干涉欲」很強的人，她動不動就會盤問宇航跟誰在一起，和誰講電話！甚至是宇航做作業的時間，她也很不放心，三番兩次地來「偷看」，這讓宇航非常反感，於是矛盾就爆發了！

為了表達自己的不滿，宇航就用逃課、離家出走來刺激他的母親！

宇航的這種情況正是家長過分干涉引發的，在青春期，有很多孩子都會出現這樣的情況，這是他們「自我意識」逐漸增強的表現。一方面他們渴望被關注，另一方面，他們又不希望過多地被干涉！因此，對於家長的干涉、批評與責備，他們都會表現出愈來愈強烈的反抗情緒，故意與家長唱「反調」。同時，他們的反抗更多的是以潛在的形式出現，如對家長在生活和教育上的安排，採取不關心、不表態、無所謂的態度等。

那麼，對於孩子的教育，正確的做法應該是怎樣的呢？專家建議，為了讓孩子能夠更好地發展，家長不妨放開自己的「束縛」，對孩子的生活不要過多干涉，給孩子一片自由、獨立的天空，讓他們展開雙翼飛翔，引導他們自己去認識社會、了解生活、體驗坎坷、波折，只有這樣，他們才能在體察與感悟之後跨越生活中的一道道障礙，成為「優秀」的人！

期望過高會讓孩子不堪重負

「望子成龍」恐怕是天下父母親的共同心願。尤其是當今社會競爭異常激烈，就業壓力大，家長對孩子的期望一般就更高、更嚴了。為了把自己的子女打造成「龍」、「鳳」，家長們盡自己最大的努力，千方百計地為孩子創造教育的環境和發展智力的條件。

從孩子上幼稚園開始，家長就急著幫孩子報名各類的才藝班、補習班，把孩子的課外時間都安排得滿滿的，以為只要照自己的安排，就有光輝燦爛的前程等著孩子。從此，孩子的字典裡只能有「成功」不能有「失敗」；只能有「學習」不能有「玩樂」；只能有「進步」不能有「落後」……在沉甸甸的期望之下，孩子漸漸失去了明媚的笑容，變得疲憊不堪。

事實上，家長對孩子高標準、嚴要求，本無可厚非。但美好的期望一旦脫離實際且化為固執的強求，那麼不幸便會出現。過重的學習負擔剝奪了孩子童年的歡樂，厭學、棄學的心理由此滋生。過高的期望值迫使孩子兩耳不聞窗外事、四體不勤、落落寡合，日後難以面對激烈的競爭和複雜的人生，有的甚至尚未步入社會，悲劇便發生了。「望子成龍」結果成「蟲」，很多時候都是家長一手造成！

下面，讓我們先來看幾則小故事：

故事一

丹丹剛會走路時就表現出對舞蹈的熱愛。丹丹四歲時，媽媽把她送進了舞蹈班。媽媽認為孩子天資聰明、形體又特具舞蹈條件，跳舞應該是很棒的。

可是，讓媽媽失望的是，丹丹沒有表現出任何天分，還不如別的孩子掌握得好。為了孩子能「勝人一籌」，丹丹的媽媽課後總是督促孩子練習，媽媽經常對丹丹說：「丹丹很聰明，只要努力了，一定能和其他人跳得一樣好，甚至超過別人。」可是，每次練習時孩子都不情願，媽媽連哄帶逼，就這樣堅持了三年。

漸漸地，媽媽發現丹丹對舞蹈失去了興趣，每次上課都無精打采的，課後也不練習，還表現得很煩。

故事二

小牧剛上三年級，爸爸幫小牧報了一個數學補習班，可小牧根本就不感興趣。學習了兩個月，他就是提不起勁。

以後，只要一上數學課，小牧就昏昏欲睡。他私下裡跟自己的堂姐說：「我討厭數學。」

故事三

有個孩子期末考試後高高興興跑回家報喜，誰料媽媽卻冷冷地說：「這還高興？還沒進前三名呢。」孩子一聽這話，像洩了氣的皮球一樣，一下子變得無精打采了！

故事四

有一個小學四年級學生，是班上的班長，酷愛學習，是老師心目中的「資優生」。但父母對她的期望過高、要求過嚴，父母要求女兒每科課業必須在九十八分以上，有時考了九十五分，雖然在班裡名列前茅，但父母仍不滿意，對她嚴厲批評。

在父母的嚴厲管教下，孩子的心理壓力很大，學習絲毫不敢怠慢。後來漸漸地，她便感到力不從心、疲憊不堪，學習成績明顯下降，對學習也產生了厭倦。

故事五

一名高二的女生，因為段考有兩科不及格，在家燒炭自殺了！她留下的遺言是「媽媽，妳讓我太辛苦了！」讓家人無不潸然淚下。

與大多數的家長一樣，這位女生的媽媽省吃儉用，送女兒學鋼琴，上各種才藝班，一心要把女兒培養成出類拔萃的人。她不能容忍女兒有一點點惰性、一點點嬌氣、一點點落後，要是女兒有一處做不到便施以嚴厲的懲罰。當這個女孩到了「反叛」年齡時，母女間便開始衝突不斷。衝突的結果是女孩子常常被怒不可遏的母親趕出家門。最終，女孩子選擇了一條不歸路！

這樣的鏡頭在現實中太多了。家長的「高標準」與「高期望」，為孩子帶來的往往是巨大的壓力與心靈創傷。這種創傷是難以彌補的！

心理學上有這樣一個規律。期望值愈高，失望值愈大；反之，期望值適宜，才會令人產生很強的滿足感。這個規律用在家庭教育方面也同樣合適。如果家長對孩子的期望值太高，那麼，即使孩子取得了一定的成績，家長也會熟視無睹，對孩子的「優秀」一點都不滿足。這種不滿足的情緒波及孩子，使孩子產生焦慮、抑鬱、恐懼、自閉、表達能力差、注意力不集中、孤僻不合群等問題，體驗不到成功的快樂。其心理、情緒長期壓抑，得不到舒緩，最終可能導致孩子的心理扭曲，行為失常，甚至自殘、自殺、傷人等更嚴重的後果。這與家長教育的原意背道而馳！

因此，如果家長能把自己的期望值放低一點，與孩子的「實際情況」相吻合，讓孩子用力跳一跳就能「夠」得著目標。慢慢地，你就會發現，原來自己的孩子不必是「龍」，他可能是善於衝刺的小馬駒，也可能是耐力超群的小牛犢……可是，他們同樣很優秀！

那麼，我們應該怎麼調整與把握對孩子的「期望」呢？

第一，拓寬期望面，不要只局限於智慧與學業。以智慧高低、學業成績的好壞作為衡量孩子是否優秀、將來是否有前途是現代社會的流行病。但事實上，衡量一個人的成功與否有許多評價標準。

第二，期望應符合孩子的能力水準與志向愛好。從自己的好惡出發，形成對孩子的期望，替孩子設計一個未來的宏圖，是一些家長樂此不疲的事情。甚至在家長心目中，對孩子期望的高低也會出現比較心理。但現實是不以人的意志為轉移的。如果家長的期望不切合孩子的實際情況，往往會事與願違。

聰明的家長在對孩子有所期望之時，不妨先評估一下孩子的智慧特點、興趣範圍、個性特徵。父母可以與孩子一起分析一下，孩子的優勢在哪裡，不足之處又有哪些。有些專業領域上的成就，不僅需要達到相應的智慧水準，還需要具備相當水準的非智力因素，孩子是否具備了，或者是否可以透過一定的培養達成；家長所期望的是不是孩子所感興趣的；孩子的個性最適宜於從事哪些工作等。

家長們要記住，要以孩子自身作為參照，以他的特長為出發點，而不要以周圍人或者自己的喜好作為期望的參照與出發點。

第三，表達適度，激發動機。要將期望轉變為現實，得讓孩子把家長的期望轉化為自身發展的內在動力。

如今的孩子，身處資訊時代，生活在獨生子女的家庭環境中。所以，他們生來就被置於五彩繽紛的天地裡，享受著眾多成人給予的關愛。在這樣的生存空間裡，孩子不知不覺地養成了一種被動的習性，習慣於等待資訊與指令。比如說，凡事都要大人說了才去做，每天在電視螢幕前一坐就是兩三個小時，被動地接收著電視上的「精彩節目」。如此一來，那些真正源自於內心的需求與動機則顯得相當缺乏，導致主動性與創造性水準較低。

同樣，在家長喋喋不休的期望表達面前，孩子仍然扮演了被動的角色。其結果，要麼使孩子人云亦云地盲從，要麼使他對什麼都無所謂，還有就是使孩子產生「你愈是要我這樣，我愈是要那樣」的叛逆心理。一句話，第一次講可能是真理，第十次講就是陳腔濫調了。在一個適宜的時間與場合，與孩子一起探討一下家長對孩子的期望，其效果遠遠勝過一日十次的重複。

家長還應該訓練孩子成為生活的主動參與者。這就要求家長適當減少對孩子的照顧與包辦，多讓孩子自己做判斷，做選擇，承擔與其能力相適應的責任，將生存與發展作為自己的內在需求。「外部力量要透過內部因素發生作用」，家長對孩子的期望也是同樣的道理。

第四，家長的期望也應循序漸進。家長對孩子的期望除了要掌握尺度，注意分寸，符合孩子的水準，還應該根據孩子的心理素質和學習能力的不同循序漸進。適當的要求與適度的期望能讓孩子變得更出色。

第八章　這些話千萬別對孩子說

不少父母以為孩子小，同他們說話不必顧忌太多，什麼話想說就說，也不管效果如何，反正自己是出氣了。長此以往，會讓孩子造成叛逆心理，不管父母說的話是對是錯，他們一概排斥。

因此，父母與孩子進行對話時應注意，自己對孩子富有感情色彩的評價性語言，往往在孩子以後的生活中成為判斷對錯的原始依據。雖然在孩子成長中還會因外在的環境變化有所修改，但這種修改決不會觸及孩子兒時的核心觀點。所以，從某種程度上說，父母說話的態度、內容，將成為孩子一生的自我意識和思想邏輯—是樂觀、自信、富有理想和氣概，還是消極、自卑或得過且過、自暴自棄。作為父母，要想讓孩子接受你的意見，使教育達到預期的效果，以下這些話就一定不能對孩子說。

「人家比你厲害多了」

「人家比你強多了，怎麼不學學人家？」父母看到別人家的孩子優秀，往往會感慨萬端，恨不得那個孩子是自家的。於是乎，在羨慕的同時，產生了「我家的孩子能不能也像人家那樣」的想法。有專家指出，盲目效仿別人，絕對不可取，相反，還可能會把孩子引入歧途。

有一個非常優秀的孩子叫蕭天天，每次開家長會，蕭天天都是老師讚美的對象。國中三年，每次考試他的成績都是班上前幾名，在年級裡，雖然不是數一數二，卻也都名列前茅。

在別的家長看來，蕭天天的父母真幸福，孩子這麼優秀。可蕭天天的父母不這麼看。蕭天天在班裡沒有名列第一時，父母就拿他和班上的第一名比，蕭天天在班裡第一名的時候，父母就拿他和年級裡的第一名比。總地來說，蕭天天的表現很少得到父母的認可，父母始終在拿蕭天天和那些比蕭天天更優秀的孩子比。結果，不但沒使蕭天天進步，反而使他愈來愈自卑。以致他上高二的時候，產生了厭學心理，一進校門就心煩意亂。儘管這時蕭天天的父母已經意識到自己的錯誤，也做了許多努力，可蕭天天的思想就是走不出，認為「在爸爸媽媽眼裡，我總是不如別人。」過了沒多久，蕭天天不得不休學。

印度思想大師奧修（Candra Mohana Jaina）說：「玫瑰就是玫瑰，蓮花就是蓮花，只要去看，不要比較。」是的，我們的家長必須明白一個事實，孩子天生就有差別。我們首先要承認這個差別，然後在孩子原有的基礎上幫助孩子進步。我們可以拿孩子的今天和昨天比，拿孩子的成功和失敗比，就是不能拿自己孩子的短處和別人孩子的長處比。

過多地拿孩子與別人比較，使得許多孩子把學習當成是為父母學而不是為自己，因此把學習當成是一件苦差事。同時，這樣做的結果，容易導致孩子喪失自信心，以至於產生難以根除的自卑心理，這對孩子的成長是非常有害的。其實，每個孩子都有不足之處，某方面不行，並不代表其他方面不行。父母如果經常拿自己孩子的弱項與別的孩子的強項比較，就會使孩子失去競爭或迎頭趕上的勇氣，同時，父母對孩子的數落，也極易引起孩子的叛逆心理，並損傷孩子的自尊心。因此，孩子出了問題或學習成績差，應該從孩子實際的基礎出發，尋找原因與差距，而不是拿孩子與別人比。

那麼，作為父母，當看到自己的孩子不如別人家的孩子優秀時，又該怎麼做，如何才能不拿自己的孩子和別人作比較呢？

第一，保持一顆平常心。父母應該從內心深處杜絕「比較」孩子的想法，不要用別的孩子作例子來給自己孩子壓力，要用一顆平常心來對待孩子暫時的不足，對孩子多一些鼓勵。良好的教育意識與能力應該成為每一位家長的自覺追求。

第二，看到孩子的進步。父母應該學會全面看問題。比較有兩種，一種是橫向比，一種是縱向比，看孩子的進步，不僅要橫向地看孩子和別人的差距，更要縱向地看孩子比從前取得了哪些進步。父母不能用學習上的進步來犧牲孩子的成長，盲目比較的結果只會毀了孩子。

第三，承認孩子間有差異。每個孩子的性格和特點都是不同的，許多父母喜歡把自己的孩子跟別的孩子進行比較，而且總拿自家孩子的短處跟別的孩子的長處相比。這樣做實際上是忽視了孩子之間的差異，父母應當接受並承認孩子之間的差異，幫助孩子學會取長補短。而且，當父母看到自己的孩子和別的孩子有差異時先不要著急，這種差異未必就是差距。孩子跟別人的差異性往往是其個性形成的開始，其實，這種差異更需要父母來加以保

護。此時，父母的正確態度是，根據自己孩子的特點進行教育。例如，自己的孩子腦子遲鈍一些，教育孩子先飛行，多賣力。孩子有了進步就應該鼓勵。只要孩子付出了努力，已經盡其所能，父母就不要對孩子提出過高要求，這樣的教育就是成功的。

第四，尊重孩子的天性。父母要尊重自己孩子的天性，不要盲目跟風，這樣的做法都是不可取的。其實，做父母的只有找到適合自己孩子的發展道路，按照孩子的天性去培養，孩子才可能獲得幸福和成功。

第五，培養孩子的個性。父母應該認識到每個人都是獨立的個體，和其他人沒有太多的可比性。學習別人的優點固然重要，但是，培養孩子的個性更重要。

其實，你的孩子就是你的孩子，沒有必要總去和別人家的孩子相比，只要你的孩子今天比昨天進步，你就應該祝賀他。

「我不會原諒你」

孩子或許因自制力弱，或因年幼無知，或因其他偶然的原因，常會出現差錯。對此，很多父母怒不可遏，大聲責罵，甚至把孩子犯錯看成是不可寬恕的事，「我不會原諒你。」其實，這是十分愚蠢的行為。孩子犯了錯誤，父母要本著關心愛護的原則，態度溫和地鼓勵孩子承認錯誤，說明孩子找出錯誤的根源，改正錯誤。這樣，孩子才會信賴你、親近你，勇於向你說真話。

孩子的心就像潔白的羽毛，是那樣地一塵不染。他們的調皮，他們所犯下的錯誤，只是他們在成長中不可缺少的音符。在錯誤中他們會懂得什麼是對的，什麼是錯的。有時，他們的調皮只不過是想引起父母的注意，而當他們的調皮撞在父母心情煩躁的「刀口」上，就會引發父母心中的怒氣，父母隨即變成可怕的「老虎」，讓孩子感到恐懼，這樣不經意的發火，就會影響到孩子的情緒。其實，孩子是上天派給父母的可愛天使，他們是歡樂的傳播者，父母怎麼忍心去傷害他們呢？所以，當孩子犯錯誤時，父母要用真愛之心原諒孩子的錯誤。

再說了，孩子還處在一個是非觀念建立、規範形成的階段。他們在做一些事情時，並沒有考慮後果會是怎樣，也不會判定行為和事件的性質。因此，父母不能用成人的標準來評判孩子的行為和素養，當他們出現一些錯誤時，父母不要在此件事上更多地去追究孩子的責任，急於「宣判」，而是要首先搞清楚孩子的出發點是什麼，然後幫助孩子分析原因和後果的嚴重性，對他講道理，給他改正的機會。同時不要損害孩子的自尊心。

原諒孩子的過錯，可以讓孩子更好地認識和改正過錯，避免再犯。所以，不要再說「我不會原諒你」這樣的話吧，讓孩子得到一個寬容，同時也是給予孩子一個改正過錯的機會。

「我絕對沒有錯」

蘭德出生在一個家族世代都做銀匠的家庭中，他家的首飾以精巧考究而聞名全國，歷代帝王和皇親國戚每逢慶典，都指定要他家製作首飾、器皿和勳章。

出身於書香門第的母親希望兒子蘭德成為飽學之士，就帶年幼的蘭德到外祖父家住。蘭德在外祖父的培育下，在數學、物理學方面打下了堅固的基礎。

幾年後，已經懂事的蘭德被父親領回了家，蘭德請求父親讓他讀書，而墨守成規、謹記祖先遺

訓的父親卻生氣地說：「讀書有什麼用？學點手藝才是對的！」

不久，父親為結算不清一個月首飾買賣的帳目而氣得暴怒不已，蘭德只花了一個小時，就把雜亂無章的帳目結算得一清二楚。當蘭德把結算好的帳本捧到父親面前時，父親感動得眼眶裡盈滿淚水。經過整整一個晚上的思考，父親深感自己不讓孩子讀書是錯了，第二天一大早，他毅然敲開了兒子的房門，鄭重地向蘭德道歉，並摟著他激動地說：「你是對的，我支持你的請求，你好好讀書吧！」

蘭德在父親的支持下，刻苦讀書，二十二歲取得前所未有的學術成就。

每個家長都會教育孩子，讓孩子做錯事後一定要改正並道歉。但當自己做錯了事時，卻很少或從不道歉，尤其是不願向孩子道歉，更有甚者，腆著一副「厚臉皮」向孩子叫囂：「我絕對沒有錯。」殊不知，父母學會向孩子道歉，正是家庭教育中的明智之舉。有時當孩子「闖禍」後，父母由於一時感情衝動，往往會對孩子進行不恰當的批評或懲罰。事後，父母又往往會後悔。這時，倘若父母能勇於真誠地向孩子道歉，用自己的行動補救自己的「過失」，則可以更好地和孩子溝通，並讓孩子從中受益。

相反，如果父母不在乎孩子的感受，錯怪了孩子仍理直氣壯，堅持不道歉的話，傷害的將是孩子的心靈。

大烈的媽媽發現錢包裡少了一百塊錢，就一口咬定是大烈拿的。大烈說沒拿。媽媽不信，先是「啟發」孩子：「需要錢可以向我要，但不能自己拿！」後來就愈說愈生氣，警告大烈：「不經允許拿媽媽的錢，也算是偷！」田大烈不服氣，母子倆就吵了起來。這時，大烈的爸爸回來了，忙解釋說：「錢是我拿的，還沒來得及告訴妳呢。」媽媽這才停止了對兒子的逼問，但又補上一句：「大烈，你可要記住，花錢要跟媽媽要，可不能偷偷自己拿啊！」大烈覺得受了不能容忍的侮辱，一氣之下，離家出走了。待母親知道自己的過錯，要向孩子悔改時，卻發現兒子已經離家出走，心急如焚之下，更是懊惱悔恨。

「金無足赤，人無完人。」父母說錯了話，辦錯了事，甚至冤枉了孩子，都是難免的，關鍵是發生問題後父母怎樣處理。父母和孩子相處，應該是民主平等的。錯怪了孩子，就主動道歉，而且態度誠懇，不敷衍，不找客觀原因。有些父母認為這樣做會有失尊嚴，其實不然，孩子是明理的。父母向孩子認錯，會為孩子樹立有錯必改的榜樣，會使孩子由衷地敬佩父母的見識和修養，從而更加信任父母，使一家人和睦團結，為孩子創造健康成長的良好環境。這樣，父母的威信不但不會降低，反而更高了。

同時，在家庭教育中，父母如果從不向孩子承認自己的缺點、過失，孩子就會形成「父母永遠正確而實際上老是出錯」的觀念，久而久之，對父母正確的教誨，孩子也會置之腦後；而如果在對孩子做錯事後，父母能鄭重地向孩子認錯、道歉，孩子就會懂得承認錯誤並不是一件可恥的事，就會提高分辨是非的能力，嘗到原諒別人的甜頭。

父母怎樣才能做到向孩子認錯呢？在向孩子認錯時，父母又應注意些什麼呢？

第一，父母要改變觀念，放下思想負擔，正視自身的錯誤。每個人都有犯錯誤的權利，同時，每個人還有改正錯誤的義務，不可能因為「為人父母」了就會不犯錯誤，也不可能因為孩子的愛戴而使錯誤消失。既然任何人犯錯誤都是難免的，那麼犯了錯誤也就不必過分羞愧，而應將精力放在改正錯誤上，因此，向孩子認錯並不丟「面子」。

第二，**父母道歉的態度很重要，不能太過於強硬、輕描淡寫**。如果父母採取錯誤的態度，即使道歉了也不能挽回什麼，只會加深誤解，因為孩子是十分敏感的，很容易就能意識到父母是不是在敷衍。因此，父母應用真誠的態度來道歉，不要礙於面子或者身分而不願意對自己的孩子道歉或者只是略微地提一下。

第三，**要想讓孩子從心理上接受父母犯錯誤的事實，就必須與孩子多交流**。透過交流，讓孩子知道父母也是會犯錯誤的，但是，自己絕不是故意要傷害孩子的感情，而看到孩子的感情受傷，自己實則也很內疚。孩子只要感受到父母的悔過之情，自然就會理智地對待犯錯誤的父母了。

總之，凡是要求孩子做到的，父母自己也應該帶頭去做、認真做好。當父母違背了自己說過的諾言，就要勇於向孩子承認錯誤、做檢討，孩子才會感到父母的說教真實可信，不是居高臨下的騙人把戲。這樣，孩子就會自願自覺地按照父母的要求去做，並在犯錯後勇於承認。父母勇於向孩子認錯，這是一種無言的人格力量，對孩子的一生都會有著深刻的影響。

「看你還敢不敢頂嘴」

明明今年六歲，讀幼稚園大班。有一天，表妹來了，明明把表妹帶到他的房間裡玩。剛開始，媽媽還聽到兩個小傢伙在房間裡玩得挺開心的，但過了不久，媽媽就聽見房間裡傳來了表妹的哭聲，媽媽聞聲跑進去，發現明明居然拿玩具熊打表妹的頭，媽媽趕緊把兩個孩子分開，並且批評明明說：「你再打表妹，媽媽就不要你了！」明明剛想解釋說：「是因為……」媽媽就打斷了他：「你打人還敢頂嘴？」然後命令兩個小孩在不同的房間玩。

生活中，類似的事例數不勝數，在家長們看來，犯了錯誤還要進行解釋的孩子是在做無謂的狡辯。他們認為，孩子跟大人「頂嘴」為自己申辯就是一種沒有禮貌的行為，所以，聽都不聽孩子的申辯，就給予了否定的態度。

事實上，從某種意義上說，孩子懂得「頂嘴」是孩子有自己主見的表現，有些時候，孩子並不是想「狡辯」或者「頂嘴」，他們只是想為自己的行為申辯而已。然而，父母卻剝奪了辯解說明的權利，這樣的強制性的行為可能會為孩子的成長帶來一系列危害。

第一，使孩子產生叛逆心理。生活中有的孩子犯了錯誤，試圖找出理由為自己辯護，其目的無非是為求得父母對自己的諒解，這種心理很正常，也是孩子鼓足了勇氣才這樣做的。如果父母武斷地加以「狙擊」，孩子會認為父母不相信自己。對父母的這種「蠻橫」做法，孩子雖不敢言，但心裡不服，以後孩子即便有更充足的理由也不會再申辯了。孩子一旦形成了這樣一種心理定勢，以後面對父母的批評，他就根本無法接受，全當耳邊風。

第二，使孩子形成認識障礙。一些犯了錯誤的孩子，因為沒有真正認識到錯誤而與父母爭辯。而這時父母簡單粗暴地不給孩子爭辯的機會，不讓其透過「辯」來分清是非，根本性的問題其實沒有得到真正解決。由此，孩子的認識就會逐漸產生偏差。

第三，扼殺孩子的新思想。一個想「頂嘴」辯解的孩子，往往能將是非善惡權衡在自己的評判標準上，顯示了不唯命是從、求是明理的思想特質。許多孩子正是在有所聽和有所不聽的過程中，逐步提高了認識問題、處理問題的能力。而父母「不許頂嘴」的高壓使孩子產生了唯唯諾諾的心理，這讓他們以後如何創造性地處理問題、解決問題？

在此，專家提出了以下建議：

第一，寬容對待那些喜歡「頂嘴」的孩子。愛「頂嘴」是孩子在成長過程中的正常「訴求」，他們透過申辯以表明自己的立場與願望，這是孩子自我意識強的表現。此時，父母的寬容能讓孩子意識到自己的重要性，從而變得更加自信、善於表達自己的觀點。如果父母基於個人的面子和尊嚴，而置孩子的委屈和苦衷不顧，以勢壓人，以「大」壓「小」，就有可能挫傷孩子的自尊，導致孩子逆反和逃避心理的形成。當然，還可能讓孩子因此變得不再喜歡說話。

第二，耐心傾聽孩子的申辯是有必要的。孩子需要申辯，說明他有表達「委屈」的願望。這個時候，父母不要急於憑主觀臆斷或一面之詞而妄下結論。應該耐心、真誠地去傾聽孩子辯解的理由，並且加以具體分析。只有這樣，孩子才能感覺到大人足夠的「尊重」，也只有這樣，他們說起話來思想才會更通暢，也更勇於表達自己的立場。

第三，為孩子營造辯論的氛圍。在孩子為自己的行為申辯時，父母不妨因勢利導，讓孩子充分申辯，培養他們敢想、敢說的良好習慣，這樣做的目的，能使孩子既明事理，又練口才。

第四，引導孩子學會自我分析。讓孩子申辯並不是讓孩子牽著大人的鼻子走，而是鼓勵孩子說話、表達的時候認識到自己的謬誤，正視存在的問題，鼓足信心去克服它。這樣，孩子才能夠變得更加地能言善辯而且明辨是非。

最重要的是，父母不要把孩子的「頂嘴」與自身的「權威意識」掛上鉤，把孩子的思辨和不講禮貌混為一談，唯有如此，才能讓孩子在爭辯中清楚地認識到自己的對與錯，從而更堅定正確的想法。

「我不愛你了」

這是一位母親的日記。

「吃晚飯的時候，七歲的女兒還是像平常一樣很不安分地到處亂跑著，怎麼也不肯坐下來吃飯。我說了她幾次，她充耳不聞，繼續亂跑。我生氣了，指著她的鼻子大聲說：『你愛吃不吃，反正我已經不喜歡妳了，不愛妳了。』女兒聽了以後，回頭看了看我，隨即問道：『那爸爸呢，爸爸愛我嗎？』我隨口回答：『不愛，妳這麼不聽話，我們都不愛妳了。』然後，我就再沒有理她，開始埋頭忙著自己的工作。

過了好半天，我忽然發覺屋子裡很安靜，沒有看到女兒的身影，也沒有聽到她嚷嚷的聲音。我抬頭看了看丈夫，他正在看電視，身邊也沒有了那個平常緊緊依偎的小身影。我詫異極了，站起來仔細查看，一轉臉，發現了女兒，她正安靜地坐在沙發的一端，低著頭玩弄著手指頭，好像還有些難過，我有點不解，走過去，坐在她身邊，慢慢地托起她的臉。看到小小的臉上居然還有淚珠，我急切地問：「怎麼了？」女兒聽到我的問話，這才睜大眼睛看著我，一字一句地慢慢說道：「媽媽，妳為什麼不愛我了？爸爸為什麼不愛我了？你們都不愛我了，我怎麼幸福呀？」說完以後，抱著我委屈地大哭起來。

像這位母親的女兒一樣，天下的孩子無不希望得到父母深深的愛，而如果父母對孩子說，「我不愛你了」則會深深傷害孩子的心。也許，父母只是隨口說說而已，就像案例裡的母親一樣，可是，即便如此，說者無意，聽者有心，孩子脆弱的心靈是經不起「隨口說說」的。可以說，孩子從出生起，離他最近最親的人就是父母了，他們無不渴望得到父母的關注、父母的愛，對他們而言，這比什麼都重要。正如一位孩子所說的，「天底下的東西，我什麼都可以不要，但唯獨希望父母對我的愛永恆。」

所以，父母不但不能輕易地對孩子說「我不愛你了」，相反，還應該多對孩子表達「我愛你」。

「你會對孩子說『我愛你』嗎？」某網站對此話題曾做過一項調查，調查結果顯示，有百分之七十五的父母在孩子處於嬰兒時期表達過，大部分父母在孩子三歲上幼稚園以後就很少直接地表達對孩子的愛，相應地，孩子就更少向父母表達感情。

對孩子說「我愛你」、向孩子表達愛有很多好處。向孩子表達愛，可以消除孩子生活中的消極情緒，特別是孩子的焦慮。有的孩子學習成績不佳，他們悶悶不樂的主要原因是擔心與父母的關係。瑞士作家維雷娜・卡斯特（Verena Kast）說：「孩子最強烈的焦慮來自最高價值被最重要的親人所否認。」最高價值是什麼呢？就是愛與被愛。如果父母讓孩子認為，他成績不好就再也不配得到父母的愛，也沒資格去愛父母，那麼孩子一定會陷入極大的焦慮中。這是至關重要的一點。孩子無論看起來多麼在乎朋友和老師的評價，他們最在乎的仍是父母的認可。因而，如果父母與孩子能保持一種穩如磐石的關係，父母經常對孩子說：「無論你怎麼樣，我們都一如既往地愛你認可你。」那麼，孩子的焦慮就會得到很大程度的緩解。

在適當的時機向孩子直接表達自己的愛意，可以增強孩子的自信心和自尊感。在孩子的成長過程中，父母就像一面鏡子，不斷地反射出孩子的一切，當聽到那些鼓勵、贊許以及充滿愛意的話時，孩子覺得自己得到了認可，他會感到驕傲，由此，自信心也會增長，而那些長期得不到肯定的孩子，則會變得膽小、沒主見，長大後習慣被安排做事情，缺乏創造性。

生活中，父母一句充滿愛意的話往往會讓孩子感到莫大滿足，如果孩子做了一件讓父母高興的事，父母要及時說：「孩子，你真棒，我們愛你。」當孩子遇到挫折時，父母要說：「不要怕，我們愛你，我們都希望你能堅持下去。」當孩子犯錯時，父母要說：「你做的事情我們不同意，但我們愛你，並希望你改正錯誤。」孩子是很敏感的，很在乎父母對自己說的話，一句真真切切的話能撫慰他們的心靈，尤其對於懂事的孩子來說，父母愛的表達可能會消除彼此之間的隔閡，令親子關係更進一步。

除了用言語表白外，鼓勵的眼神、甜蜜的撫摸等都是很好的愛的表達方式。父母經常對孩子說：「我愛你！」「真高興，你是我的寶貝！」等，可以慢慢地培養孩子堅忍的意志。同時，孩子得到父母明確的愛的表示，成長的道路就會更順暢、更廣闊，他們會自覺做到遇事不驚、沉著冷靜，並善於調節自己。

父母們，請不要表現出你對孩子的不屑。從現在開始，向孩子表達愛吧，孩子期待你們的愛。

「笨得沒救了」

我們都有這樣的同感，一個人掌握知識的多少，多半來自於他所記住東西的多少。對於孩子來說，同樣如此，如果一個孩子沒有很好的記憶力，是很難在學業、事業上有什麼突破的。

然而，在現實生活中，很多家長只對孩子的學習成績表現出濃厚的興趣，孩子一旦考試不理想了，家長只知道責罵「你沒救了」，卻從不去關心孩子的學習過程、所使用的記憶方法。

其實，沒有哪位家長不希望自己的孩子有較強的記憶力，因為記憶力對孩子日後的學習和生活都會產生重大的影響。生活中常聽家長們說起，某孩子記憶力如何如何的好，某孩子卻前面看完後面忘。可以說，怎樣挖掘孩子的記憶潛能，從而有目的、有計畫地發展其記憶力，值得當前家長給予足夠的重視。

某間雜誌曾說：「如果我們能迫使我們的大腦達到其一半的工作能力，我們就可以輕而易舉地學會四十種語言，將一本百科全書背得滾瓜爛熟，還能夠學完數十所大學的課程。」事實上，一個人的記憶潛力是非常大的。據美國科學家研究，如果一個人始終好學不倦，他的大腦所能儲存的各種知識，將相當於美國國會圖書館藏書量的五十倍。而美國國會的藏書有一千多萬冊。可以想像一下，一個人的大腦能夠裝下多少知識呀！這是一組已被驗證過的科學資料。目前，世界上體積最大的電腦記憶體容量是十億比特，即十後面加上十二個零。然而，相比之下，人腦的記憶體容量更是不可思議——十後面加上八千四百三十二個零，這簡直是天文數字。

其實，人腦就像是一個圖書館，一個人學習的、記憶的東西都會保存在這個圖書館內。當他需要用的時候，就可以用。但是，如果圖書館的書庫中根本就沒有存進過這本書，又怎麼可能借給你呢？可見，記憶就是過去經驗在人腦中的反映，一個人只有先去記，才可能在腦海中再現。

有關事例表明，一個人記憶力好壞程度如何，往往與其從小受到的記憶力訓練有著莫大的關聯。古希臘的西莫尼德斯（Simonides of Ceos）曾經說過這樣的話：「記憶法是雄辯家素養的本質部分。」由此可見，不斷地運用和挖掘你的大腦，掌握記憶方法，你將獲得無窮的記憶寶藏。同樣，面對很多「記憶力差」的孩子，家長如果透過科學的訓練，他們完全可以達到一目十行、倒背如流的境界。

許多家長認為，孩子的記憶力是天生的。事實上，這種觀點是錯誤的。每個孩子都是媽媽生的，但是，沒有一個孩子在生下來的時候就認識自己的媽媽，孩子之所以能夠認識媽媽，是因為媽媽經常和他在一起。因此，孩子記憶力的好壞不僅與遺傳因素有關，更重要的是和記憶的條件、記憶的方法有關。許多家長還以為孩子記憶力不佳是資質比較愚鈍。其實不然，大多數孩子記憶力差，只是沒有掌握記憶的規律，缺乏正確的記憶方法。蘇霍姆林斯基就曾說過：「小學生記憶力的強弱在很大程度上、也可說在決定性程度上，取決於孩子在早期童年時代進入到意識中的語言的鮮明度和情感色彩程度。孩子接受這些印象的同時也就鍛鍊了記憶力。」可見，只要家長有意識有目的地培養，孩子是能夠提高記憶力的。

「粗心大意」

宋朝時，有一個畫家，作畫往往隨心所欲，令人搞不清他畫的究竟是什麼。一次，他剛畫好一個虎頭，碰上有人來請他畫馬，他就隨手在虎頭後畫上馬的身子。來人問他畫的是馬還是虎，他答：「馬馬虎虎！」來人不要，他便將畫掛在廳堂。大兒子見了問他畫裡是什麼，他說是虎；小兒子問他，他卻說是馬。

不久，大兒子外出打獵時，把人家的馬當作老虎射死了，畫家不得不賠錢。

一次，他的小兒子外出碰上老虎，卻以為是馬，想上去騎，結果被老虎活活咬死了。

畫家悲痛萬分，把畫燒了，還寫了一首詩自責：「馬虎圖，馬虎圖，似馬又似虎，長子依圖射死馬，次子依圖餵了虎。草堂焚毀馬虎圖，奉勸諸君莫學吾。」

你的孩子是否也常誤馬為虎、誤虎為馬？

粗心大意是一種非常不好的性格，如果沒有及時把這種性格優化的話，孩子將像下面故事中的苗苗一樣讓自己陷入尷尬。

苗苗要成為護理師了，可她以前總是粗心大意，不知道這次能不能改掉這個壞毛病。

苗苗上任第一天，陸先生來看病了。

「陸先生，你怎麼了？」

「我感冒了，請幫我開個感冒藥。」

「好！」

苗苗看向藥品櫃，治感冒、頭痛藥的外包裝有些類似，她看也沒看，就隨手把頭痛藥遞給了陸先生。

「謝謝。」陸先生說著走了。

白妹妹來了。

「怎麼了？白妹妹。」

「我頭痛，幫我開個頭痛藥。」

結果，苗苗遞給了白妹妹感冒藥。

一天過去了，苗苗一大早就看見陸先生和白妹妹跑過來，苗苗還以為陸先生和白妹妹病好了，前來感謝自己，結果經過他倆一說，苗苗的臉紅了，說：「對不起，陸先生和白妹妹，是我不好，不應該做事太粗心，如果我不粗心的話，也不會耽誤了你們的病情，真對不起，下次我一定注意，改掉這壞毛病。」

你的孩子是否跟苗苗一樣，每一次粗心大意犯錯後，總是說「下次我一定注意，改掉這壞毛病。」可是下次還是重蹈覆轍。家長也常常對孩子產生失望的情緒，覺得沒有辦法了，有的孩子性格本來就是這樣的，改也難改了，是「粗心大意」。但是家長必須要清楚，馬虎不是一時的事，是孩子一輩子的事，只要染上了粗心大意，不治的話，將禍害終身。

認真是一種力量，它大到能使一個國家強盛，小到能使一個人無往而不利。告訴孩子一旦認真二字也深入到自己的骨髓，融化進自己的血液，你也會煥發出一種令所有人都感到害怕的力量。

那麼，家長如何才能讓孩子免除粗心大意的壞毛病呢？

第一，運用目標的力量。幫孩子設定一個目標，讓孩子在充足的時間限制內，專注地去做好一件事，集中精力去完成一個目標。在目標完成後，孩子就會感覺到只要認真去做事就一定能成功，給孩子認真的自信。

第二，培養孩子對認真的興趣。可以透過一些孩子感興趣訓練的科目，訓練的方式、訓練的手段來培養孩子，比如在規定時間內「找不同」的遊戲，或者是陪同孩子玩「連連看」的小遊戲，一次次的實驗以後，孩子就會體會到認真帶給自己的快樂，從而對認真產生興趣。

第三，培養孩子認真起來的自信心。只要孩子有了認真的自信，孩子才能去認真，而這種自信往往是需要孩子看到認真換來的成果才能建立的，所以給孩子制定一些小目標，讓孩子認真去完成，這樣孩子就會一點點建立起信心。

第四，讓孩子學會排除外界干擾。只要孩子學會排除外界的干擾，無論在怎麼喧鬧、嘈雜的環境下都能認真地進入學習的狀態。可以讓孩子嘗試著一邊聽輕音樂一邊讀書，這樣如果孩子能靜下心來把書看好，自然就能排除外界干擾。

第五，讓孩子學會排除內心干擾。在很安靜的環境下，孩子也總是很容易分心，這主要來自於孩子內心的干擾，所以要讓孩子學會排除內心的干擾，可以嘗試讓孩子在心情很糟糕的時候，大聲朗讀課本，讓孩子慢慢走進書中，這樣便能慢慢變得專注了。

世界上最怕的兩個字就是「認真」，或許你都不知對孩子解釋過多少遍了，做事不認真，往往會使人一事無成。或許也會有人說其實世界上最怕的兩個字是「馬虎」，因為馬虎的人，即便見了「認真」也會無法透徹其道理。

「沒禮貌，真讓我丟臉」

曾幾何時，父母帶著孩子出門遇見外人時，很喜歡讓孩子稱呼對方「叔叔」、「阿姨」、「伯父」、「伯母」等，以此表達問候。如果孩子做到了，父母心裡就會感到非常滿足，「瞧！我家的孩子真有禮貌！」而如果孩子沒打招呼，父母就會很不自在，認為孩子沒禮節。父母的這種心理變化是很正常的，畢竟，有禮貌的孩子無論走到哪裡都容易受人歡迎。

面對沒有禮貌的孩子，父母千萬不能著急，更不能指責他們，「沒禮貌，真讓我丟臉。」

舉個例子。有一個媽媽正在和親戚閒談，七歲的偉揚走過來拉住她的胳膊，因為他要喝蘋果汁，而且是馬上。偉揚媽媽說：「乖寶貝，稍等一會兒，我待會去拿。」然後又回過身說起話來，偉揚突然大叫道：「媽媽，不要再說了！」

兒子這樣的表現，使母親感到羞辱，而使她真正感到悲傷的是，偉揚這樣對她不是一次兩次了。「偉揚在家裡經常用這種粗魯的態度說話，他會對我說『妳不是我的老闆』。而平時我不甚注意，這次我之所以注意到他的態度是因為他是當著客人的面這麼說的。」

偉揚為什麼會發展到這種地步呢？當然，很多人會指出這是社會的不良影響。的確，在我們的周圍，經常會看到很多人的種種沒有教養的陋習，他們講不雅字詞、辱罵人、不遵守秩序等。但同時，父母也不能忽視了，家庭在養成孩子禮貌方面起了決定性的作用，而相當一部分父母認為教育孩子完全是學校的事，在這種錯誤指導思想的支配下，他們除了關心孩子的考試分數之外，其他的一概放任自流。

父母除了讓孩子懂得如何禮貌待人外，還要透過各種方式讓孩子貫徹實施。

第一，父母要以身作則。孩子有沒有禮貌不是天生的，是後天培養出來的，而且孩子天生就喜歡模仿別人，所以父母在家裡的時候要注意自己的言行舉止，注意講禮貌，為孩子樹立一個好的榜樣。比如有客人來做客的時候，熱情地招待；接受了別人的幫助以後，對別人說謝謝；在收到禮物的時候，可以邀請孩子和你一起寫感謝卡等。有了父母的示範，再遇到類似的情形時，孩子自然而然就會學你的做法。

第二，為孩子設置場景。有些父母為了不讓孩子打擾來訪的客人，一般都會把孩子打發到一邊，讓他們自己去玩。這樣做也許能夠獲得一時的安靜，但是卻可能會影響到孩子的社交能力。孩子會想：「父母為什麼不讓我跟客人在一起？是不是我做錯了什麼？」久而久之，家裡一來客人，他就會自動躲到旁邊去。所以，當有客人來訪時，父母應該向孩子介

紹一下來的是什麼客人，再向客人介紹一下你家的孩子，並讓孩子幫客人拿拖鞋、倒水，千萬不能把孩子排斥在外。

第三，適當給予孩子暗示。在教育孩子使用禮貌語言時，開始孩子往往是不自覺的。有時在長者面前，常因怕羞而不肯去做。碰到這種情況，有的父母往往逼著孩子對長者有禮貌，或當著客人的面責罵孩子。其實，這樣做是有害無益的。因為孩子也是有自尊心的，被父母強制或責罵後，即使孩子不得已去做了，心裡也是不高興的，以後就更不喜歡禮遇長輩了。所以有經驗的父母，遇到這種情況，一般是採取暗示法，在孩子耳朵旁邊，輕輕地叫他致禮，使其很高興地禮遇長者，並因此而得到稱讚。

第四，對孩子講清楚禮貌的意義。父母在教育孩子禮貌時，不但要告訴他語言應當怎樣，姿勢應當怎樣，還要向他講些深入淺出的道理，即為什麼要這樣做，這樣做有什麼好處等。

第五，對孩子的禮貌行為及時做出評價。如可以用點頭、微笑、語言等來表示讚美和肯定。對孩子不禮貌的言行更要及時批評，並指出不禮貌的後果，使孩子對不禮貌的言行產生厭棄的情緒。

第六，成人要形成教育的合力，貫徹始終。培養孩子懂禮貌，關鍵在於家庭成員始終如一的態度，而且必須做到統一要求，否則容易造成教育作用的相互抵消。成人對孩子的禮貌教育必須做到有始有終，切不可虎頭蛇尾。要持之以恆，嚴格要求，只有這樣才能取得良好的效果。

「你是個無趣的人」

在生活中，每個人都難免會遇到一些讓自己或者他人尷尬的事情，如果缺乏處理經驗，又不具備幽默的素養，難免要深陷尷尬之中，手足無措。每當孩子遇到此種情況，有些家長總會對孩子表示不滿，並抱怨孩子「是個索然無味的人」。

誠然，只有幽默、機智的人才能夠很快地化解尷尬，讓自己和他人都能會心一笑。可家長也不必如此過激，應好好開導孩子，畢竟，幽默的細胞是需要慢慢培養起來的。

傑出的英國戲劇家蕭伯納（George Bernard Shaw）的名字幾乎與幽默成為同義詞了。一天。年邁的蕭伯納在街頭被一個騎腳踏車的人撞倒。雖然沒有發生事故。但這一驚嚇也非同小可。那個人立即扶起戲劇家，並向他道歉。然而，蕭伯納打斷了他，對他說：「不，先生，您比我更不幸。要是您再加把勁，那就可以作為撞死蕭伯納而留名啦！」蕭伯納就是用這麼一句幽默的話讓雙方都擺脫了尷尬的處境。

原本非常尷尬的處境，卻因為一個人幽默的話語變得輕鬆、有趣。所以，在生活中，讓我們多一顆體諒的心，多一些幽默的技巧，這樣，才能避免讓自己長時間陷入僵局，以免影響自己和他人的感情。

幽默是健康生活的營養品，是人際關係中心靈與心靈間快樂的天使。擁有幽默，就擁有了愛和友誼，凡具有幽默感的人所到之處，皆是一片歡樂和融洽氣氛，他們偶爾說一句幽默的話，做一個滑稽的動作，往往都能引起人們會心的笑聲，這種笑除了帶給人以哲理的啟迪外，還能促進腎上腺素的分泌，加快全身血液循環，使新陳代謝更加旺盛，有延年益壽之功效，「笑一笑，十年少」正是這個道理。

幽默是一種修養、氣度和胸懷。這同時是一個社會對人才高素質的要求，是現代文明的呼喚。在日常生活中，人們之所以常常對幽默的人刮目相看，就是因為幽默的人常常為人們撐起一片風和日麗的天空，散發著幽雅的文明氣息，帶給人平和安寧之感。

幽默感是一種生活態度，所以必須從小訓練，嚴肅緊張的孩子長大成人之後也一樣嚴肅緊張。從小事訓練，從小處訓練，目的在於把幽默感變成孩子的生活習慣。那麼，該如何培養孩子的幽默感呢？

第一，儘早培養孩子的幽默感。孩子是最富有幽默天性的，他們的幽默是最自然、最坦率、最美好的語言。孩子在不會說話走路時，家長就可以用扮鬼臉、做各種誇張的表情、用手帕遮住臉等方式來吸引孩子的注意，引發孩子的興趣。剛開始，孩子可能只是對幽默刺激做出反應，時間久了，孩子會發出笑聲，甚至模仿各種做法，這可說是幽默的啟蒙。

第二，做一個有幽默感的家長。想讓孩子具備幽默感，家長首先要讓自己學會幽默，家長的幽默，能起到說教無法比擬的作用，能潛移默化地影響孩子成為一個樂觀的人，增加他受人歡迎的指數。如果家長懂得營造一種幽默的語言氛圍，不但能讓孩子顯得輕鬆快樂，更能讓孩子在潛移默化中學會幽默的表達方式。孩子的幽默感來自於家長，比如三四歲的孩子，會因為聽到大人說好玩的話，或看到某個不協調的動作，哈哈地笑個不停，這表示孩子的幽默感正在形成，此時，家長的協助很重要。有幽默感的家長可以比孩子笑得更誇張，從而強化孩子的幽默感。

第三，培養孩子愉悅和寬容的心態。幽默的心理基礎是愉悅、寬容的心態，要教育孩子在與人交往時愉悅相處、寬容待人，用幽默解決矛盾糾紛、用幽默提出與對方分享的要求、用幽默提出批評建議。

第四，讓生活充滿笑聲。一個幽默的孩子肯定是愛笑的孩子，愛笑的孩子往往善於發現幽默和製造幽默。在日常生活中，家長可多跟孩子玩一些有趣的情境遊戲，如躲貓貓、扮鬼臉，讓孩子在遊戲中發出開心的笑聲。同時，在掌握幽默的過程中，還應注意幾方面：富有幽默感的語言應當以不傷害他人為原則，富有幽默感的語言要以禮貌為基礎，富有幽默感的動作應以不涉及危險動作為原則。同時，家長與孩子說笑話或表演滑稽的動作時，要考慮孩子的年紀，因為大人認為好笑的語言或動作，孩子不見得有同感，但孩子認為好笑的語言或動作，即使大人覺得不好笑，也要陪孩子一起笑。

第五，讓孩子做自己喜歡做的事情。孩子最快樂的事情就是幹自己喜歡的事情，因此，給孩子自由的空間，讓他們尋找生活的樂趣，不夠樂觀的孩子也會變得幽默樂觀。

第六，營造幽默的氣氛。當孩子哭鬧時，家長要懂得在一旁營造氣氛，抱抱他、拍一拍他、安撫他：「怎麼了，媽媽的小寶貝，為什麼把臉哭成這樣？有什麼事媽媽可以幫你的忙嗎？」溫柔、幽默的表達方式，有助於孩子停止哭泣，破涕為笑。因此，當孩子說出一些好笑的笑話和語言，或是做出一些有趣的動作時，別忘了給他一些掌聲和鼓勵，建立他的自信心。

第七，鼓勵和強化孩子的幽默感。鼓勵孩子大膽地表現幽默，讓孩子大聲地說笑，為孩子搭建一個可以自由表現幽默的舞臺，對孩子的幽默感培養很重要。而當孩子說出一些動聽

的話或者做出一些有趣的動作時，別忘了給孩子一些掌聲，讓孩子和自己都輕鬆一下。同時，家長要用藝術的眼光，將孩子的幽默故事加以誇張並提煉，讓它們在合適的場合加以重現，以強化幽默感，讓孩子意識到這就是幽默。

當然，在運用幽默的過程中，家長要讓孩子明白的有幾點注意事項。

第一，幽默不僅僅是為製造笑料，更要在幽默中體味生活，培養樂觀向上的人生觀和勇於開拓的創新精神，這比開心更重要。

第二，真正的幽默是自然而然表現出來的，千萬不要為了幽默而幽默，變成冷嘲熱諷，或者變得油嘴滑舌。

第三，不能用幽默來「傷人」。比如，別人的種族、宗教信仰、生理殘疾等是不能用來作幽默材料的，這會傷害對方的情感。如果孩子在無意中開了這樣的玩笑，家長千萬不能鼓勵，而是應該鄭重地與孩子討論一下這個問題，引導孩子尊重他人。

俄國文學家安東・契訶夫（Anton Chekhov）說過：「不懂得開玩笑的人，是沒有希望的人。」可見，幽默的意義是多麼的重大。一個富有幽默感的孩子是家長培養起來的。如果你希望自己的孩子幽默、樂觀、表達能力強，那麼就從小培養孩子幽默的性格吧。幽默將讓你的孩子變得更加受人歡迎。

第九章　與孩子說話時注意聲情並茂

所謂「聲情並茂」，即父母在與孩子說話時，盡量做到聲音優美、感情豐富。這樣，孩子才更易於接受、才更聽話。

「聲音、表情是一個人的靈魂。」心理學家認為，聲音、表情決定了一個人38%的第一印象，傳遞出一個人的個性、喜好、情緒、情感、年齡、健康狀態等。著名主持人楊瀾說過：「一個人所說的話是否有魅力，不僅關係到他是否具有良好的人緣，而且直接影響到他能否保持一如既往的吸引力，能否保持新時代人類的獨特魅力。」總之，父母與孩子對話時聲情並茂，才有利於與孩子更好地交流、溝通。相反，那些看起來凶巴巴的表情、聽起來不舒服的聲音總是容易把孩子「嚇跑」。

善於運用表情

表情是人際交往的第一語言，孩子對大人表情的敏感度遠遠大於對語言的。

蘇聯教育家馬卡連柯說：「做教師的絕不能沒有表情，不善於運用表情的人就不可能做教師。」

對家長來說，同樣如此！

「用什麼表情對孩子說話？」有的家長可能覺得很滑稽：「那得看當時的心情了！我怎麼知道說話的時候是什麼心情？」而這恰恰是與孩子交流中的第一誤區。

在我們的孩子學會語言之前，對外界事物的判斷幾乎完全源於對大人表情的觀察。

把自己的快樂建立在孩子的「無知」上，這應該是很多年輕父母都曾有過的幸福經歷吧。也因此，年輕的爸爸媽媽才會那樣和顏悅色、輕柔似水地對待自己的孩子——因為孩子只會「看臉色」。可是隨著孩子長大，終於盼到他會說話，父母的態度卻開始變化了：表情僵硬了，語言減少了，對話似乎更直接了。在很多父母心裡，認為：「既然孩子能夠聽懂話，事情當然就簡單多了！」

其實，孩子會說話了，父母的麻煩才剛剛開始，事情不是簡單了，反而是變得更加複雜了！對父母的要求不是降低了，而是更高了。

在與孩子的交流中，任何時候都應該琢磨如何走進孩子的心裡去，而絕不僅僅是說完了事。那麼如何才能走進孩子的心裡去呢？有位兒童教育家敘述了表情對兒童的感受，他是這樣敘述的。

「二〇一一年三月，我受邀為某個社去的母親們擔任某場講座的講師。剛開始我發現大部分媽媽都帶了孩子到現場，為了照顧孩子們，我在現場帶著他們做了幾個好玩的小活動，先滿足了孩子們的好奇心，然後再開始演講。這樣，孩子們雖然聽不懂，但因為還在回味剛才的遊戲而不至於完全坐不住。

講課時，我說了這麼一句話：『孩子的眼睛是最亮的，能一眼看出你是否出自真心……』話沒說完，人群中間突然傳出一句奶聲奶氣的話：「我覺得你是真心的！」循聲望去，看到一個大約剛上小學的小女孩，坐在媽媽懷裡，甜甜地笑著，眨著明亮的眼睛看著我。舉辦了上千場講座，我第一次在演講時愣住了。周圍的人包括她的媽媽也都愣住了，大家會心地笑了，向她投去溫柔的目光。過了一會兒，我問：『為什麼呢？』小女孩害羞地笑了：『我覺得，你是，真心的。』這下，大家都被她逗樂了。重複的強調表明，她並沒有什麼明確的原因，僅僅是一種直覺，一種下意識的表達，可能她自己都沒有意識到自己會說出來。

那一次感動的經歷令我難忘。現在想來，是什麼原因讓六歲的小女孩對一個剛認識半小時的大人提出這樣一個肯定的褒獎呢？原因可能是多方面的，但是毫無疑問，首要的是我臉上的表情。因為講課時除了前面的小活動，其他的話都是說給家長聽的，小孩子不會有興趣聽。我從始至終都能讓孩子感受到的，基本上只有表情——是我發自內心的微笑，從始至終向孩子們傳遞了我的真心。

事實證明，在為孩子們所做的幾百場演講中，每次一進教室門，我就開始勇敢地露出真心的微笑。而微笑也總是能最快、最長時間地吸引住孩子們，贏得孩子們的信任，使他們保持專注，認真聆聽。」

在不同的情境下，吸引孩子的表情是不一樣的，父母要善於在與孩子溝通時利用表情的感染力。

誰說眼睛不會說話

親子溝通對眼睛的第一個要求，面對孩子的時候，眼睛一定要很專注，眼神也一定要有內容。可以說，要在與孩子交談的大多數過程中「不看眼睛不說話」。

與孩子談話的時候，眼睛是比嘴巴更重要的交流工具。其實早有心理學實驗證明，我們觀察他人，總是先從眼睛看起。五官當中，眼睛也是傳遞真實資訊最多的部位。只不過，一般來說，孩子們更相信眼神，大人嘛，更信任「利益關係」。

專注的眼神對孩子有很強的吸引力，他的好奇心會驅使他以同樣的專注來看這雙眼睛，他會不由自主地想：「這雙眼睛裡有什麼意思呢？」

專注的眼神也會使孩子感受到莊重和嚴謹，使孩子下意識地凝聚心思，專心聆聽。

專注的眼神其實也是一個交流的邀約：「我很認真哦，請你也認真看著我！」幾乎所有的孩子都會因為自己內心美好的公平原則而回報以專注。

當然，交流的前提就是專注，很難想像，家長說話心不在焉，孩子愛理不理，這樣的交流怎麼會起作用？但就是這樣一個基本前提，很多家長都做不到。大家往往不重視與孩子的眼神交流，對孩子說話有很大的隨意性，似乎覺得：「話說了，責任就盡到了，就該起作用了；沒聽進去，多說兩次；還聽不進去，那就是孩子自己不聽話，怪不得家長了！」一次次毫無眼神交流的批評，又一次次地埋怨孩子「把大人的話當耳旁風」，如果自己都不看重自己的話，不要求自己在孩子最認真聆聽的狀態下說話，不有意識地把孩子的注意力集中到自己這裡，又怎麼能怪孩子不當回事呢？

父母很重視教育，無意中卻表現出「完成任務」的態度，孩子當然也就不買帳了！

跟孩子說話時，要盡量營造出適當的環境和氛圍，讓孩子看著家長，家長也能注視他的眼睛。排除所有打擾交流氛圍的事物，讓孩子除了聽和說，沒有別的選擇。這樣，孩子才能從家長的眼神中了解到家長對事情的重視程度和情緒感受，從而決定他該以什麼樣的態度來應對家長所說的話。比如，吃飯的時候，可以開開玩笑，談談見聞，但這個時間段絕不適合用來跟孩子講道理。看著飯碗，就聽不進去；看著你，就吃不下去，兩者對孩子都不好。讓他吃飯吧，何必跟飯碗搶孩子呢！

再比如，當著孩子的朋友，也不適合批評孩子。孩子的眼睛看著家長，心裡想的都是朋友們的失望、自己的面子，根本無法認真考慮家長的建議。

至於有的家長試圖在孩子寫作業的時候，在看電視的時候，甚至在逛街的時候教育孩子，能有多大效果呢？

需要注意的是，當我們專注地看著孩子的時候，一定要意識到，孩子此刻正在家長的眼神當中搜尋蛛絲馬跡！家長的心理狀態，很容易被孩子感覺到。所以，自己事先一定要做好充分的準備，胸有成竹地和孩子交流。如果自己考慮還不周全，還不能自圓其說就倉促地說出來，對孩子而言，就會感覺不過是些嘮叨話，是家長發洩了一下情緒罷了，不會有多少教育意義。一旦孩子覺察到這一點，他立刻就會有這樣的想法：「別當真，媽媽只是隨便說說而已。」

有的父母為了對孩子營造出自己的神祕感、樹立權威形象，故意不看孩子的眼睛，也迴避孩子的注視，讓孩子總是處於一種捉摸不透、心裡沒底的狀態中。在成人的世界裡，這看起來似乎是個行之有效的策略，以此拉開與談話對象的距離，使對方一直處於忐忑不安的猜測中而讓自己占據交談的上風。但是，正所謂當著真人不說假話。一旦面對重要的人時，我們不也一樣得想盡辦法增加接觸，努力創造單獨相處的機會，創造眼神交流的機會嗎？孩子，當然是重要的人，絕不能用對付泛泛之交的辦法來應付。所以，從這點來看，迴避眼神接觸所創造的權威感並不是贏得孩子內心尊重的有效方法。在大部分情況下，長時間的「背對背」交往，只會讓孩子產生一種對等的冷漠：「你不理我，我也不理你！只聽兩句，算是給你面子吧！」

當然，交流也並非自始至終都要看著孩子，因為眼神並非唯一可以用來強化溝通的管道，但在聽孩子說話的時候，父母一定要盡可能專注地看著他；在自己說到重要內容時，不一定用重語氣和重複來強調，但一定要用專注的眼神來強調。

可以說，在與孩子交談的大多數時候，父母要做到「不看眼睛不說話。」

用溫和的態度和孩子說話

要達到良好的親子溝通，父母溫和的態度很關鍵。

一位教育家說：「說到才智，評價等於成就。」這就是說，父母和教師對待孩子的態度對孩子能力的形成有著巨大的影響。

很多父母認為，他們對孩子的態度是孩子行為的結果，而不是孩子智力和能力較差的原因，甚至認為他們對孩子的評價很公正。是父母的態度在先？還是孩子的實踐水準在先？這兩者的關係遠比人們認識的複雜得多。

實際上，父母的態度和孩子的實踐水準是互為因果的。父母或父母的態度對孩子的智力和能力有著巨大的影響。即使孩子先天條件的確差一些，父母以較好的溫和的態度對待孩子，更多給孩子以積極的評價，就會幫助孩子建立起信心，使他們更努力地去實踐。

某學者就曾明確指出，教育好孩子的關鍵是父母的態度，而不是孩子的聰明與智慧。父母的態度正確與否，對能否教育好孩子起著關鍵性作用。香港大學一位心理學博士針對家長堅持的「孩子教不好是孩子有問題」的觀點進行實驗，結果發現，「問題孩子」有問題的罪魁禍首是父母在對待孩子的態度上出現了問題。

父母對孩子的態度非常重要，在父母的影響下孩子建立起自己對生活的看法，父母對孩子的態度會影響孩子智力和能力的發展，父母對孩子的態度還會影響孩子的行為和道德發展。總之，父母給予孩子的成長提供大量的材料，孩子的各種行為都受父母態度的影響和強化。

喬治・華盛頓（George Washington）是美國第一位總統，他從懂事起，就很崇拜英雄人物。當他看到哥哥穿著軍裝上前線打仗，羨慕極了。一天吃過晚飯，他忽然想到了一個問題，急忙跑去問父親：「爸爸，我長大了也要像哥哥那樣，當一名勇敢的軍人，好嗎？」

「好極了，親愛的孩子！」父親高興地回答：「可是，你知道什麼樣的孩子才能成為勇敢的軍人嗎？」父親反問道。

「嗯——」華盛頓想了想，回答說：「誠實的孩子才能成為一名勇敢的軍人，是這樣的嗎？」

「是，只有誠實，大家才能團結，團結才能戰勝敵人，成為勇敢的軍人。」

父親不光注重言傳，還很注重身教。在父親農場裡，有一顆小櫻桃樹，那是父親為慶祝華盛頓的出生而栽種的。華盛頓一天天長大，小櫻桃樹也一年年長高。華盛頓對做一名威武的軍人十分心

切，有一次，他打算做一把木頭製成的槍枝，把自己武裝起來。他本想讓父親幫忙，可看到父親整天忙於自己的工作，沒有時間，於是決定自己動手。華盛頓拿起鋸子、斧子，找了一棵小樹，把它鋸倒了。哪知道這棵樹，正是父親最心愛的那棵櫻桃樹。這下可闖了大禍。

父親回來後，知道了這件事，大發脾氣，質問是誰做的。華盛頓躲在屋子裡，非常害怕。他想了想，還是勇敢地出來，走到父親面前，帶著慚愧的神色說：「爸爸，是我做的。」

「小傢伙，你把我喜愛的櫻桃樹砍倒了，你不知道我會生氣嗎？」

華盛頓見父親氣未消，回答說：「爸爸，您不是說，要想當一個軍人，首先就得有誠實的素養嗎？我剛才告訴您的是一個事實呀。我沒有撒謊。」

聽兒子這麼一說，父親很有感觸。他意識到孩子身上的優良素養，比自己心愛的櫻桃樹還要珍貴。他一把抱住華盛頓，說：「爸爸原諒你，孩子。承認錯誤是英雄行為，要比一千棵櫻桃樹還有價值。」

正是華盛頓父親的開明態度，影響著華盛頓的成長，並最終形成了華盛頓身上的優良素養，這些特質在他開創偉大事業的過程中起到了不可預估的作用，為他創造出了一個又一個奇蹟，並最終使他贏得了美國人民乃至全世界人民的尊敬。

很多事例表明，父母對孩子的態度與孩子性格等因素的形成有著千絲萬縷的聯繫。如果父母對孩子忽冷忽熱、捉摸不定、反復無常，孩子大多數會表現得情緒不穩定、多疑多慮、缺乏判斷力；如果父母對孩子過分嚴厲，孩子會表現得或逃避、或反抗、或膽怯、或殘暴，有的甚至會形成當面一套、背後一套的壞習性；如果父母對孩子過分照顧、保護，不放手讓孩子自己活動、自己做事，孩子的性格多半是消極的、依賴性強、沒有責任感、沒有忍耐力、不適應集體生活、遇事優柔寡斷；如果父母對孩子過分溺愛，孩子就會表現為撒嬌放肆、神經質、以我為中心、缺乏責任心、沒有耐性；如果父母對孩子冷淡、置之不理，孩子長大後多數都願意尋求他人的愛護，力圖招惹別人對自己的注意，有的喜歡攻擊，挖苦別人，也有的走向另一個極端，表現為性格冷漠、與世無爭；如果父母對孩子採取愛而不嬌、嚴格而又民主的態度，孩子性格大多數會表現得親切、直爽、活潑、端莊、獨立、協作、有團隊領導能力，善於和大家共事。

由此可見，父母應該注意自己日常生活中的不良情緒對孩子的影響，無論在什麼時候，無論發生了什麼事，永遠記住，不要在孩子面前表現出消極的情緒，那樣會使孩子處於一種不和諧的家庭環境中，從而在情緒上也跟著發生消極的變化。相反，父母應該用溫和的態度對待孩子，因為溫和的態度有利於孩子的健康成長。

也許，對父母來說，在短時期內保持對孩子的溫和態度並不難，難就難在堅持，難就難在日復一日對孩子保持溫和的態度，但只要真正為孩子的健康成長著想，相信每一位父母都能夠輕易做到。

優美的聲音有利於與孩子更好溝通

有人說：「聲音是人的一張形象名片，可以為人們預留無盡的想像空間。透過聲音不僅可以感知對方的年齡、性別、職業、相貌，還可以感知性格、思想、情感和態度。在社交活動中，我們應該充分地運用『聲音形象』，讓自己在社交活動中左右逢源、遊刃有餘。」同樣，父母與孩子對話時，一定要重視「聲音形象」。

父母在運用聲音塑造形象時，需要注意表達語言要帶有真實的情感，要把生活經歷和人生感悟融入聲音中，把真切感受傳遞給孩子。這樣，孩子才會更容易接受父母所說的內容。

然而，有很多父母並不認為聲音有多麼重要，更不在乎「聲音形象」。這是錯誤的！

不少人看過《窈窕淑女》這部電影，說的是一個鄉村女孩被培養成貴夫人的故事。訓練從哪裡開始？從語言開始，改掉她的口音，在留聲機上一遍又一遍訓練語音和語調，之後才是著裝、儀態、社交禮貌訓練。作為家長，如果對於自己的聲音不太滿意，不妨透過下面這些方法來改進你的發音。

發音訓練的第一課就是呼吸訓練。說話和唱歌的發音方式是相通的。一些學習唱歌的方法可以用到說話上。氣息是發出聲音的動力，更是各種聲音技巧的「能源」。歌唱時正確的呼吸，既不是用兩肩上抬、胸廓緊張的淺胸式呼吸法，也不是用腹部一起一伏、胸部僵硬緊繃的純腹式呼吸法，而是打開口腔用胸腔和腹腔聯合運動而完成呼吸動作。

其吸氣要領是吸到肺底，兩肋打開，腹壁站定；呼氣要領是穩定，持久，及時補換。不過，要掌握好這一方法是有一定難度的，通常要經過持久的訓練。

也有一些簡單易行的方法，如平心靜氣地去聞鮮花的芳香，模擬突然受到驚嚇時倒吸冷氣，模擬將灰塵吹落。

還可以利用早上起床的時間做一些訓練，具體方法是。全身平躺在床上，盡力伸展身體，收縮腹部，把一隻手平放在橫膈膜上，將另一隻手放在胸骨上，然後盡力吸氣，吸氣的同時說「喔喔喔」，呼氣的同時說「哈哈哈」，這樣練習幾次，能夠使氣息充盈全身。然後再說出「早——

上——好」，說的時候，手要能感覺到胸腔是在振動。然後坐起，雙腳緊貼地面，保持身體挺直，再說幾次「早——上——好」。最後，站起來在房間裡來回走動，連續說「早上好，早上好」。注意，在說的時候，要對自己充滿自信。

接下來是共鳴訓練。人的口腔、胸腔等發音器官就像一個音箱，搭配使用得當就能發出具有磁性的嗓音。為什麼有的人說話的聲音穿透力特別強，即使房間裡噪音很大，也能聽清對方在講什麼，這就是共鳴的原因。一個人的聲音必須是透過胸腔共鳴產生的。

共鳴訓練要注意對發音器官的控制練習，以達到好的音質音色。首先要練習如何張開嘴說話，而不是發聲不動嘴，咬著牙齒說話。我們會注意到歌手唱歌時口型都會很分明，這樣才能夠清晰地唱出每一句歌詞。講話時我們也應該盡力做到這一點。

在練習時要注意仔細體會發音時胸腔、口腔、鼻腔共鳴的感覺。

最後是吐字歸音訓練。強調的是對發音動作過程的控制，是一種經過加工的藝術化的發音方法，目的是要做到吐字發音準確清晰。在培養歌手的錄音室裡，歌手要在一個規定的非常低的音量範圍內，讓人聽清楚他唱的每一句歌詞。吐字不清晰的人，即使聲音很大，別人也聽不清他在說什麼，更談不上談吐有魅力了。

只要父母給予足夠的重視，就一定能夠塑造出優美的聲音。這必將有利於與孩子更好地溝通。

不可忽視語言的停頓與重音

父母在與孩子交流、溝通的過程中，停頓也是一種常用的說話策略。所謂停頓，是指語句或詞語之間語音上的停歇，它能把話語劃分成段，使話語形式嚴謹、表意明瞭、有條不紊。因此，掌握停頓的語言技巧，將有助於提高表達能力，使語言準確地傳達出去，讓孩子更樂於接受。

停頓有兩種情況。

第一，是語法停頓。這是句子或分句之間的停頓。這種停頓除句末停頓外，都是表明詞語間語法關係的停頓，停頓的次數不同、位置不同，詞語關係就有所差別，從而句子的意義也就不一樣。所以，父母能否準確運用這類停頓，就直接關係到意義和感情能否準確表達，如果語法停頓使用不當，與孩子談話的效果就會大打折扣。

第二，是強調停頓。這種停頓策略是說話者為了強調某個語意，或表達某種感情，而在詞語或句子之間所作的較大停頓。這種停頓能引起聽者的聯想，進而產生雙方的共鳴，同時，對突出語意、增大資訊刺激強度，也是一種相當有效的策略。此外，強調停頓的運用也要恰到好處。首先，要順乎自然，如果濫用，不僅會造成邏輯混亂，還會因強調過多，令人抓不住重點。其次，掌握好停頓的時間，太長或太短都會影響聽眾的情緒，從而弄巧成拙。

使用重音是人與人溝通過程中，為了達到準確表達的目的而使用的手段。重音是指在說話時有意將某些詞講得響亮一些的現象，它主要是透過音調來表現的。

重音的使用方式有兩種，一是語法重音，這是按照句法結構特點說出的重音，一般沒有特殊用意；二是強調重音，這是為了突出某個語意，或表達某種強烈情感，將句中某些詞語音量加大後所說出的重音。

俄國著名戲劇家康斯坦丁・史坦尼斯拉夫斯基（Konstantin Stanislavski）說：「重音就像人的食指，指示著節奏中或句子中最主要的詞。」重音的所在，一般也就是說話者所要突出的重點所在。強調重音的位置不同，語音的表示和感情的強度也有所不同。例如「你聽得懂嗎」這個句子，如果「懂」字不重讀，那麼只是一般的詢問，否則就變成了反問，並且還包含輕視的意味。

重音的位置不同，所強調的意義、表達的感情也因此出現了差異。

與孩子的對話練習：

誇獎教育 × 標籤效應 × 練習傾聽，在對話中更加親近你的孩子

編　　著：黃依潔，姜曉秋
發 行 人：黃振庭
出 版 者：崧燁文化事業有限公司
發 行 者：崧燁文化事業有限公司
E-mail：sonbookservice@gmail.com
粉 絲 頁：https://www.facebook.com/sonbookss/
網　　址：https://sonbook.net/
地　　址：台北市中正區重慶南路一段六十一號八樓 815 室
Rm. 815, 8F., No.61, Sec. 1, Chongqing S. Rd., Zhongzheng Dist., Taipei City 100, Taiwan
電　　話：(02)2370-3310
傳　　真：(02)2388-1990
印　　刷：京峯彩色印刷有限公司（京峰數位）
律師顧問：廣華律師事務所 張珮琦律師

定　　價：299 元
發行日期：2022 年 08 月第一版
◎本書以 POD 印製

國家圖書館出版品預行編目資料

與孩子的對話練習：誇獎教育 × 標籤效應 × 練習傾聽，在對話中更加親近你的孩子 / 黃依潔，姜曉秋編著 . -- 第一版 . -- 臺北市：崧燁文化事業有限公司 , 2022.08
面； 公分
POD 版
ISBN 978-626-332-605-7(平裝)
1.CST: 親子溝通 2.CST: 親子關係
544.1　　111011623

電子書購買

臉書